社会主义核心价值体系建设

“双百”出版工程

项 目

/ 100位

新中国成立以来感动中国人物/

孙永明/著

吉林文史出版社

《100位新中国成立以来感动中国人物》丛书

前言

每个人的心中都多少有一点英雄情结，都向往英雄、景仰英雄。也正因此，在中华人民共和国建国六十周年之际，由中央十一部委联合组织开展的“100 位为新中国成立作出突出贡献的英雄模范人物和 100 位新中国成立以来感动中国人物”的评选活动中，群众参与投票总数近一亿。这其中的每一张选票，都表达了人们对英雄模范的崇敬之情，寄托着对伟大祖国的美好祝福。

一个民族不能没有英雄,否则这个民族就不会强大。当国家危难之时，懦弱者选择了逃避、妥协甚至投降，英雄们却挺身而出，用热血捍卫民族的尊严，人民的幸福。在创立和建设新中国的伟大历程中，涌现出无数可歌可泣的英雄模范人物。他们之中，有为了民族独立和人民解放而英勇牺牲的革命先烈，有为了党和人民的事业而不懈奋斗的优秀共产党员，有在全民族抗战中顽强奋战、为国捐躯的爱国将士，有英勇杀敌的战斗英雄和革命群众，有积极从事进步活动的著名民主爱国人士和国际友人……他们是民族的脊梁、祖国的骄傲，是激励全体人民团结奋斗的精神力量。

《100 位新中国成立以来感动中国人物》丛书，就像一部星光璀璨的英雄谱，真实、完整地记录了英雄模范人物不平凡的一生，再现了他们非凡的人格魅力和精神世界。舍身堵枪眼的黄继光，拼命也要拿下大油田的王进喜，中国原子弹之父邓稼先，新时期领导干部的楷模孔繁森……一串串闪光的名字，一个个动人的故事，犹如群星闪烁，光耀中华。

当今中国正处于伟大变革的时代，迫切需要涌现出一大批勇于承担历史使命、为祖国和人民奉献一切的先进人物。在“双百”人物崇高精神的引领下，在建设社会主义现代化国家的征程中，必将英雄辈出。

生平简介

谷文昌，男，1915年生，原名谷程栓，河南省林县石板岩乡郭家庄人。

1943年3月加入中国共产党，任过区长和区委书记。

1949年1月随军南下。

1950年5月12日东山解放。谷文昌任中共东山县第一区工委书记，后历任中共东山县工委（以下简称县委）组织部长、县长、县委书记及福建省林业厅副厅长、龙溪地区革委会副主任、龙溪行政公署副专员。

1958年春，县委向全县发出号召："上战秃头山，下战飞沙滩，绿化全海岛，建设新东山！"全县党政军民、男女老少齐上阵，掀起轰轰烈烈的造林运动，数天时间栽上20万株木麻黄树。岂料，气温骤降，持续一个月倒春寒，树苗大部分冻死。谷文昌组织一个由领导干部、林业技术员和老农民组成的造林实验小组，亲自担任组长。

1960年夏天，全县掀起轰轰烈烈而又扎扎实实的全民造林运动。至1964年造林8.2万亩，全县400多座小山丘和3亩多荒沙滩基本绿化，141公里的海岸线筑起"绿色长城"。谷文昌还发动群众挖塘打井、修筑水库，开发利用地下水资源，使东山缓解了旱情。

1981年1月30日，谷文昌在漳州病逝。

1987年7月15日，谷文昌骨灰安葬在东山县赤山林场。

2009年9月，谷文昌被评为"100位新中国成立以来感动中国人物"。

1915-1981

[GUWENCHANG]

◀谷文昌

目录 MULU

万民同念的好书记（代序）

有人问我，现在写谷文昌有什么意义，谷文昌离我们太远了。我想，一个历史人物，他所经历的历史和我们是联系在一起的，一种信念、一个文化怎么能没有过去……何况谷文昌所走过的路是中国人民最艰难、最辉煌的一段路，也是中华民族文化觉醒的路。因此，我想谷文昌离我们并不遥远。

谷文昌对人民，他是一个好的县委书记；对于他所接受的政治信仰，他是个优秀的共产党员；对于社会发展，他改变了荒凉和悲伤的东山县，也就因为他绿化了东山县，东山县人民的命运也得到了改变；对于全世界而言，谷文昌应该是个环境保护者和创造者，他创造出奇迹，他为东山县人民的子子孙孙创造了绿色环境。

我想，谷文昌是这个政党的一员，他的优秀是那个时代共产党员的共性，是符号，一个时代的符号——代表着一代共产党人的符号，代表着共产党人为实现人民的根本利益而奋斗的符号。同时，他也是民族的优秀成员，他从一个普通的农民到一个被人民永远铭刻在心的优秀共产党员、领导干部，他的一生证明了：这个政党将民族文化、人类文化的优良部分吸收到政党建设和国家建设中去，始终代表中国先进生产力的发展要求，代表中国先进文化的前进方向，代表中国最广大人民的根本利益。

因此，谷文昌，从某种意义上说，他是代表历史，代表民族的，他所创造的奇迹代表着人类的意志与智慧。

有人说，谷文昌离我们太远了。不！谷文昌就在我们生活中，因为这个决定中国历史发展的政党，这个代表着历史与未来的符号依然还在，她还在不断地充实着、丰富着，依然保持着先进性，依然在推动着中国历史和世界历史向前迈进。

这就是我要思考的以及我认为我们所要思考的……

理想战士

㊀ 一个农民的族谱

☆☆☆☆☆

谷纪活，男，农民。出身：雇农。1894 年 6 月生，河南林县西乡坪区郭家庄南湾村人。文化程度：文盲。

桑翠则，女，农民。出身：雇农。1897 年 9 月生，河南林县人。文化程度：文盲。

谷秀祯，男，长子，又名谷成顺，农民。出身:雇农。1912 年 3 月生。文化程度：文盲。

谷文昌，男，次子，又名谷程栓，农民。出身:雇农。1915 年生。文化程度：半年私塾。

谷文德，男，三子，无别名，农民。出身：雇农。1917 年 7 月生。文化程度：文盲。

这是一个传统农民的家族族谱，一个传统的人文结构。这种人文结构在中国延续了数千年，而像这样的家庭结构在当时的中国占人口总数的 90%。

在见识这个共产党员的家族历史中，已经无法再往前寻找这个家族的先人，因为没有人可以为他们的过去提供任何更为准确的资料。

上世纪初的中国以及中国的农民，在地球上是没有地位的；中国耻辱的历史还没有结束，中国还在封建主义、官僚资本主义和帝国主义的压迫下哀号和呻吟。中国的历史和文化受到毁灭性的破坏。

1928 年,秋天。中国河南省林县西乡坪区,郭家庄。秋天在中国人的观念中是个丰收的季节，但在河南林县的太行山下的南湾小村庄却找不到任何的丰收迹象，没有土地的农民们把一年来的收成全部交给土地的拥有者，也就是地主，再也没有其他可以维持生活的食物，农民们开始寻找生活的另一条出路。

在太行山下郭家庄南湾村干枯的田野上已经看不到丰收的景象，南湾村的人在入冬之前大都要寻找过冬的出路，否则，开春前，地主都要上门讨债。

地主在漫长的讨债中也积累了经验，在秋收之后就上门逼债。谷纪活根本还不起“债”。

“你还不了债，那就让你家的老二来为我放牛……”这是地主最后留下的一句话。

此时的谷文昌还在村里的学堂听着老先生摇头晃脑地讲着《三字经》：“人之初，性本善……，我们做人要以善字开头，事事与人为善……”这就是谷文昌从课本上学到的做人的准则。他为了这个读书的机会不知向父亲求了多少回，他父亲才咬着牙说：“栓儿，念书是有钱人的事，是好事，但爸爸只能让你先去念，啥时候让你回来，你就得回来。”谷纪活并不是不让自己的儿子读书，而是没有能力为孩子提供读书的经济支持，但有一点谷纪活知道，读书对他谷家的后代会起着什么样的作用。

这一天，谷文昌回到家，看见父亲一脸的惆怅，心里明白了自己的结局，自他懂事起，他记得每到秋收后，逼债的人屡见不鲜，个个凶狠。机灵的谷文昌，用不着父亲告诉他什么，他已经知道自己该结束私塾学习的日子。谷文昌悄悄地躲在自家的麦地里哭了，他第一次对世道的不公发出疑问：为什么我们穷人一年到头地耕种却吃不饱、穿不暖，念不起书？

于是，太行山下的田野里又多了个放牛的孩子。

谷文昌的读书时间，准确地说是 8 个月多一点儿。原本秋收的日子里，私塾是不上课的，但在这一年里，土地上没有什么收成了，用不着太多的劳动力，这让谷文昌多学了点字。在他的读书生涯中，他第一次用私塾老先生教诲的人生准则做了件好事，那就是，他在每天放学的途中，在田野里用赶牛的鞭子在地上一笔一画地教那些放牛的孩子学写字。他学会了善待别人。因此，他的小名栓子也在放牛的孩子中享有一定的声誉。

谷文昌学会了所有的农活，而且他学到的任何一项农活，都要做得比别人出色，成为南湾村里的一个好把手。

在战火燃烧的中华大地上，家里仅靠 6 分山地是无法生存的，年轻的谷文昌还未完全从放牛娃的稚气中解脱出来，就肩负起家庭的重担。他跟随别人上山打石，用自己勤劳的双手来减轻家庭的负担。我们今天的人很难去想象，在谷文昌年轻时候的那个年代，一个打石匠的日子。不论是酷热的夏天，还是严寒的冬天，不论是饥还是病，他都得抡起大锤，敲响太行山上的石头。他们就在荒山野岭用茅草搭盖起棚子，白天敲击着石头，搬运着石头。到了晚上，他就望着暮色沉浸在自己思想中，他从自己年轻的生命中听到有一种声音在呼唤着他，那就是国破家亡的民族的呼唤。

这段石匠的经历，留给人们的有许多值得记忆的内容，一个是谷文昌的吃苦耐劳，另一个是谷文昌比其他的石匠多了些智慧，善于观察与思考，再则是他开始接受共产党的救国思想。

我必须先在这里把我在 1985 年秋天采访的一个抗日老区的史实用蒙太奇的语言演绎给今天的人，让他们对这段历史有个真实的了解。

演绎之一：

地点：福建省福州市闽侯县大湖乡。

时间：1943 年秋天。

全景：一群日本军人将一中国军人衣服脱光，四肢捆绑。

特写：锋利的刺刀将中国军人的生殖器割下。

小全景：疯狂的日本军狂笑着，将血淋淋的生殖器慢慢地移到痛苦呻吟的中国军人眼前。

特写：又一把锋利的刺刀撬开中国军人的牙齿，将血淋淋的生殖器塞进他嘴里。

中景：一个日本军人抡起大刀砍下这个已经挣扎着的中国军人的头颅。

近景：另一个日本军人又将已经死亡的中国军人肚子剖开，将砍下的头颅装进肚子。

全景：这群日本军人欢呼着他们的“胜利”。

演绎之二：

地点：同上。

时间：同上。

全景：一群日本军人在淫笑声中，将一中国妇女衣裤扒光，四肢吊绑在树上进行轮奸。

近景：两把刺刀对准乳头，将乳头剜出。妇女惨痛的尖叫声冲破天空。

特写：两把刺刀在乳房的中间向外划动，两个乳房即刻带着鲜血离开人体。

这就是当时的福建，当时的惨痛呻吟中的中国，血泪的中国。

也许年轻的谷文昌曾经目睹过比这更为残酷的现实，也许没有。但谷文昌对他的儿女们说过一句话值得我们深思："我这一生最恨的是两种人，一种是日本侵略者，一种是不劳而获者。一说起他们，我心中就会燃烧起仇恨的火焰。"

这话足以证明他曾经目睹过日本帝国主义的残暴行径，而且刻骨铭心。

革命与解放，这些字眼，在抗日战争中的中国常被人们使用，但真正用行动来证明革命与解放并没有像人们想象得那么简单，是要以生命作为代价的。革命与解放的意义对一个农民来说，是为了什么呢？作为一个年代的农民符号的谷文昌想的是要摆脱贫穷，摆脱奴役，要过上好日子，要赶走日本侵略者。他听得懂这些革命的道理，而且，还勇敢地将这些思想传播给南湾村，消灭那些汉奸和恶霸。

谷文昌在传播革命理论的同时，自己也选择了革命。他决定跟着共产党领导的八路军走，做一个八路军战士。在他所经历过的，和他所感受过的，能对他的一生产生震撼的莫过于八路军和老百姓的感情，莫过于当时政府的无能与腐朽，能够回答他问题的就是这些为人民、为民族扛枪打仗的八路军，他相信，有这样的军队，老百姓的日子会过得很好。

谷文昌没有成为一名八路军战士，他不过是在山西与河南交界的两县往返的小农民。但谷文昌已经是一个有时代信仰的人，是一个有思想的农民。在谷文昌的思想里，已经接受了中国共产党的革命理论，他也开始用这些革命的观点来看待发生在南湾村的所有事情。

在比南湾村还大的西乡坪村，谷文昌所传播的道理渐渐地被人们所接受。尽管他的道理没有什么高深的理论，但他讲述的每件事中所包含的道理都让偏僻的山村群众接受了，这一带的人把谷文昌说成“半路秀才”。人们不论遇到什么难事都找这个“半路秀才”，请他帮忙，而这个“半路秀才”都能为他们想出点办法。

此时，共产党河南省委派了一个名叫郭勋的人来到西乡坪开展工作，宣传抗日救国的道理，发动群众参加革命队伍，发展党员，建立共产党的基层组织。谷文昌成为南湾村一带革命与斗争的积极分子，郭勋正需要谷文昌这样的人，这对他在林县的南湾村一带工作是否开展得好，起着关键的作用。这是一个政党的基本力量。

1943 年，谷文昌开始用自己的行为来证实自己对革命的忠诚。他参加了宣传活动，他走到群众中去时不再是过去那样讲述自己的所见所闻，而是凭借着他在群众中“半路秀才”的才气，进一步地用革命的理论来唤醒广大的农民，并和他一起实践这些理论。他参加了当时的进步组织农民抗日救国会，直接参加了当地的锄奸反霸行动。

一个年轻的农民，接受了一种新的思潮，一个新的学说，一个政党的理论，并热衷于这个理论的实践。这是因为在当时这个理论回答了中国老百姓的问题。

农民与领导农民

作为农民的谷文昌在迷茫中找到自己的出路，他在 1943 年的林县，在他出生的西乡坪和南湾村，开始像所有的觉悟了的农民一样，在上级领导的指导下实践革命的理论。这理论在谷文昌这样的农民心目中就是斗争，就是把那些欺压在他们头上的日本侵略者和汉奸恶霸打倒。

还不是共产党员的谷文昌，是用自己朴素的感情来认识、接受革命斗争的理论的。

在共产党的领导下，谷文昌参加了农会，他成为一个农会的积极分子，他凭借着自己在这一带打石时树立的威信，走村串户，发动群众加入农会。

谷文昌来到王有家。王有当年不满 13 岁，因为家境贫寒，小小的年纪就为地主扛长工，他父亲给他取了“有”这个名，就想让他长大后，会有一个不挨饿的日子，会有一个穿得暖的日子，但王有长到 13 岁时，家里依然什么都没有，只有靠给地主扛长工过着艰难的日子。谷文昌经常到王有家，他常常对王有说：“我们想过好日子，就要革命，就要把欺压在我们头上的汉奸恶霸赶走，要消灭他们。”

“那我们要怎么革命？”

“先要团结，然后成立我们自己的组织。”

“什么叫组织？”

“组织就是农会，农会是专门为我们农民说话的，只要是我们农民的事，农会都要站出来为农民说话。”

“那恶霸会打我们的。”

“别怕，我们人多，你想农民多还是恶霸多？”

“好，我就加入农会吧。”

在那个年代，中国农民的感情非常朴实，他们没有太多的顾忌，只要讲述的道理能够让他们接受，他们就会义无反顾地站在你的一边，甚至抛头颅、洒鲜血也在所不辞。谷文昌就是这样走上革命道路的，他最了解农民，他懂得农民最需要什么。因为他自己就是一个地地道道的农民。

谷文昌做农会工作就像自己打石头那样，一块一块地敲打出来，落到实处。每件事只要交到他身上，上级领导都非常放心。

中国共产党在革命发展过程中，从长计议，培养能够从事巩固革命政权工作的干部。在革命运动中采取边工作边学习、用实践和理论相结合的办法造就一批批行政和党务工作的人才，使之推动革命运动向前。当时，整个中国的处境依然危难，像谷文昌这样的人才还为数不多，尤其是谷文昌这样学过私塾的人少之又少，大多数的干部都不识斗字，仅凭借着上级的精神和自己的一腔热血来开展工作。因此，中共河南省委和林县县委决定：在各区县开展夜学活动。

这夜学就是今天的夜校。夜学的内容就是普及初小的文化课程。谷文昌听到这一消息，第一个报名参加夜学，有人对夜学不以为然，认为现在的任务是革命，是要把反动派打倒，是要建立人民的政权，那么多的工作需要我们去做，我们何必花这么多的时间来读书。

夜学的第一天，这座古老的寺庙仅仅见到谷文昌几个干部，而看不到农会其他的同志，更说不上妇女和孩子。谷文昌认认真真地上完课后，挨家挨户地去劝说：“怎么没用呢？你要是识字，地主就骗不了你，你要是会算，地主就坑害不了你。读了书，你就会和他们讲道理，那他们还敢欺压我们吗？”“你不识字，你怎么革命，革命是需要文化的……”“你们去听听，那老师讲得多好，他讲妇女要和男人一样平等，什么叫平等，平等就是男人能做的事妇女也能做，男人不能欺负女人……”

谷文昌把道理告诉和自己一样的农民，他还自己走进课堂，第一个回答老师提出的问题，他用自己的行动来证明：我们农民一样会读书，而且，我们还要读得更好。

第二个夜晚，那座古老的寺庙热闹了，寺庙里慢慢地来了人，来了许多人。坐在第一排的依然是这个名叫谷文昌的人。

第三个夜晚，寺庙开始挤满了人。谷文昌还是坐在那个位子上。在他身边和身后有男人和女人以及他们的子女们。

谷文昌听完课，他开始向大家讲述读书与革命之间的关系："我们种地，一亩地要下多少种子呢？要浇多少肥呢？我们能收多少粮食呢？这个大家都知道。大家怎么知道的呢？我们的父母亲教我们的。那么地主凭什么要收我们那么多的租子？谁能算出你们欠地主多少租子？这里就有算术的学问，这里就有我们要革命的道理……"

台下的人沉浸在谷文昌的演讲中，谷文昌的每句话着实说到他们的心里去了。当谷文昌把自己该说的话说完后，台下先是一阵沉默，接着便是一片哗然，再接着是一片掌声。

夜学不仅是文化普及的课堂，也是一个革命的讲习所。

谷文昌在西乡坪将许许多多像王有这样的人团结起来，成立革命的农会、妇女会、儿童团等，要夺取西乡坪的政权，要在西乡坪建立共产党领导的人民政权，要把年轻的农民送到抗日战争的前线去。这对那些长期把农民当作自己奴仆的汉奸恶霸们产生了巨大的利益威胁，因此，汉奸恶霸把谷文昌这样的人视为敌人，他们也在共同利益的基础上建立攻守同盟，以此来维护他们的政治地位和经济地位。

至今，西乡坪的老人们依然记得当年的谷文昌。"那时，快过年了，天色很黑，连狗都不叫的夜晚，栓子（谷文昌的小名）来到我家，他对我说，要去抗日，没有国家，我们的家也会被鬼子给烧了……"

"他来到我的地里，我那时在给姓李的地主当长工。谷文昌边帮我干活边不停地开导我，希望我能去前线抗日，他说，先把日本人赶走，再把蒋介石打倒，建立一个属于我们农民阶级和工人阶级的国家，我们大家就是这个国家的主人。"

"那天啊，真难忘，我活到那时候才知道活着的道理。谷文昌和一些干部把那些欺压我们的反动老爷们揪出来，他把我们为什么那么贫穷的道理讲给我们大家听，大家心都亮堂了，穷人们不知有多高兴呢！"

"我们怕什么？全中国的穷人要比他们多，只要我们大家齐心协力和他们斗争，怕的应该是他们，不是我们。他们有枪，我们也可以拿起枪嘛。"

谷文昌在宣传共产主义理论，用他的农民语言向农民们宣传，当然他并没有告诉自己的农民朋友这是什么主义，是什么理论，他不过是在用普通的道理，把这些理论农民化，把斗争的目的和斗争的具体道理说明白，而后，当农民们明白了道理，他才进一步说明这些道理的出处是共产主义和毛主席的思想。但有一点让我们思考：在上世纪的40年代，中国共产党已经把理论和人民的利益密切地结合在一起。因为共产党的理论原本就是建立在人民利益上的理论。

这一切，都发生在夜晚，发生在1942年和1943年以及1944年中国河南省林县西乡坪，一个进步的青年农民为了自己以及和自己一样的农民能够从贫穷的苦难中解救出来所做的一切。在这三年中，这个西乡坪送了近百名优秀的青年参加革命队伍，奔赴抗日战争的最前线。

1944年3月，这个名叫谷文昌的农民，在一间窑洞里，向标志着中国无产阶级政党的旗帜宣誓：我志愿加入中国共产党，坚决执行党的纪律，不怕困难，不怕牺牲，为共产主义事业奋斗到底！

地主恶霸们在暗地里把谷文昌这些人列入仇敌的名单，他们在农民革命的熊熊烈火下不敢公然反对，却在背地里预谋，要利用他们手中的武装将谷文昌这样的人消灭，他们派出杀手，在革命者出入的地方，企图杀掉谷文昌这些已经觉悟了的农民，恢复他们的统治。

在地主恶霸的枪杀名单中谷文昌是个重要人物，他们曾两次实施预谋计划都未能得逞。这是在中国革命成功后，公安部门经过审讯，这些人交代的罪行。

谷文昌是否知道自己在这段时间的处境，我没有去加以证实，但有一点可以说明：当年，凡是参加革命的人无一不知道革命是要用生命去完成的。

烈火铸就真金

☆☆☆☆☆

1944 年 9 月，这是中国抗日战争最艰难的时刻。在全国乃至河南，日军协同伪军向抗日民主根据地发动了秋季“大扫荡”。日军 15 旅团、伪军 500 人向林县等地进犯，企图向这块根据地发起突然袭击。

此时，谷文昌正在区里开会，会议的主题是抓紧秋收后的送粮工作，支援抗日前线的八路军。忽然，远处响起手榴弹的声音。这是岗哨发出的紧急信号。

“共产党员立刻回到各自分管的村子里去，马上组织群众撤离到山上去，其他的同志和我一起去把粮食藏起来，快！你们大家把群众安排好后立刻集中到村口阻击敌人。”

大家分头赶回各自负责的村子，组织群众撤离。

但敌人来势凶猛，速度很快，尤其是谷文昌负责的村子离敌人最近，人们远远就听见敌人的枪声在逼近。谷文昌遇事不惊，他沉着冷静，带着和自己一起来的几个干部，拿着枪，边指挥群众撤离，边注视着枪声发出的方向。群众撤离后，他就带着几个民兵去和区里的队伍会合，去阻击敌人。

翻开这段历史，翻到林北县（现在的林县）这一页，我们依稀可见到当时战斗的激烈。敌人用炮火把共产党领导的林北县抗日武装队伍压在太行山下，区支队凭借着熟悉的山势地形，与敌人进行了巧妙的、短暂的迂回战，这场战斗持续了两个多小时，在接到群众已经到达安全地带的消息后，区支队随即撤出战斗，把一个空荡荡的村庄留给了日军和伪军。日伪军在村庄里四处搜索，不但看不到一个人影子，就连半粒粮食也没找到。敌人在西乡坪村一带驻扎了一天，最后不得不以失败告终。

谷文昌在抗日斗争中，被人们所接受，被群众所拥戴，因此，他当选为当时的林北县抗日民主政府第七区区长，后来经过重新调整，成为第十区的区长、区委书记。

中原一带的人是幸运的，革命的成功伴随着他们的努力与奉献早早地来到他们的身边。1947 年，中原的一些省份相继被中国人民解放军解放，成为我国较早的解放区。为了巩固胜利的成果，党中央决定：开展生产自救，进行土地改革。

1948 年，中国共产党领导的革命进入了一个全面胜利的阶段。全世界的人都在注视着东方大地上发生的奇迹，人们没有想到，马克思主义的理论被中国革命领导人运用后会产生如此惊人的效应，就连美国人也没有想到，他们一手扶持的蒋家王朝竟然如秋风落叶。

历史向中国共产党提出了一个崭新的要求：要尽快建立基础政权，必须在 960 万平方公里的中国巩固已经建立的新政权，而且还要随着革命武装力量的推进与发展，建立各地的新政权。因此中央决定组成随军干部队伍，跟随解放军向中国的南部进发。

同年 12 月，已经解放了的河南省林县发起了报名参加南下服务团的活动。今天我们说起南下服务团来似乎是轻松的一件事，可在 1948 年的中国河南省，在太行山下的林县，在这几座村庄的农民中却并非是件容易的事。他们祖祖辈辈在这里生活，在这里繁衍，眼看着新的生活开始了，自己却要离开家乡，随着炮火纷飞的战场，去走一条生死未卜的路。这不能不说是一个艰难的选择。

谷文昌依然像以往那样积极响应党的号召，他对村里的人说："我要参加南下团，要去解放那些还没有解放的群众，我希望我们十区的同志也积极报名参加。”他像发动参加抗日队伍、参加解放大军那样，利用晚上的时间到田间地头和许多进步青年交谈，动员他们报名。

“谷区长，你看，我家的蚕养得多好啊！这都是你让我们养的，今年我家的蚕可以换很多的钱啦，你让我们养的，现在，你又让我们离开家乡……”

“我们要打到南京去活捉蒋介石，把全国人民解放出来……我们眼光不能只看着自己吧！你也要想想全中国还有多少人过着和我们过去一样的苦日子……”

的确，养蚕是谷文昌在担任区长时为了改变太行山下人的苦日子而提出的致富之路。太行山下的河南林县虽说没有什么茂密的森林，但这里的每个村庄都有许多的桑树，这里的人历史上就有养蚕织布的传统。早已解放的林县人，已经把斗争和生产自救结合在一起，成为当地政府的工作重点。担任区长的谷文昌知道这一点，要巩固新的政权，就必须让群众过上好日子，否则就无法证明这新政权的伟大之处。在林县，除了养蚕之外没有其他办法可以让群众较快地过上好日子，这是其一；其二，林县一直是革命的根据地，根据地有兵工厂，他可以把群众生产出来的蚕茧卖给兵工厂，可以制作成较好的军用服装，所以，他任区长期间，积极提倡群众养蚕，去年一年，这里的蚕茧卖得很好，有部分群众已经过上较好的日子。

“你们都是进步青年，进步青年不能只想到自己啊！”谷文昌说，“革命的任务还很重，蒋介石还在剥削南方的老百姓，你想，不彻底打倒蒋介石，我们的日子也安宁不了，对吧？”

“我们是革命根据地的群众，革命根据地是什么意思？是先比人家革命，革命是从我们这个根据地发展起来的，我们不去想南方的老百姓，谁还想？要有革命的觉悟啊！”谷文昌把觉悟提到一定的高度，他开始运用理论词汇来作为教育人的语言，他开始显示出较强的领导能力。

革命根据地是河南林县人的骄傲，太行山的确是中国革命的一面鲜艳的旗帜。1948 年，太行山人确实为自己的荣誉感到骄傲。这些质朴的农民被谷文昌说服了，他们放下自家的农活，放弃已经过上的好日子，报名参加了百万大军，向祖国的南部地区进发。

1949 年 1 月，林县南湾村全村的群众举行了隆重的欢送仪式。谷文昌、王有、张经学等人向自己的亲人挥手告别。

在这支向南挺进的大队里，人们沿途听到的都是捷报频传：南京解放了，上海解放了，武汉解放了。向南，向南，还要向南！

当队伍驻扎在长江的北岸准备渡江时，队员们知道，自己即将离开江北，即将向北方的土地告别。不少人一想到这些，农民意识便开始作祟，传闻过了长江就回不了家乡，不少人趁着夜色悄然离去，往回走，他们要回到自己的家乡，他们不想远离故土。他们看不到还有更长的革命道路要走，需要革命的意志，需要长远的目光来看待自己眼前的跋涉。虽说走了几个月，虽说看到沿途的敌占区解放了，但他们依然无法放弃家乡的那几亩地，那埋葬着自己先人的土地，那里的亲人和朋友。

革命在考验着这支队伍中的每一个人。

谷文昌把跟随自己一道出来的乡亲叫到身边，对他们说："逃跑是耻辱，革命怎么能逃跑呢？我告诉你们，既然我们已经参加革命了，我们就要把革命进行到底。希望你们不要给我们林县革命根据地的人民丢脸。"

"谷区长，我们还要走多久？还要走多远？你看，我们家今年的收成还要请人帮忙呢！"

"是啊，地里的活那么多，还有养的那么多的蚕怎么办？就靠我父母亲他们……"

"大家都一样。"谷文昌说，"要革命就要准备牺牲个人的利益，甚至生命，哪里还想着自己家的那么点儿的事。革命成功了，全中国都是我们的家，你还怕回不了家？你还想着你家里的那几亩地？"

这一个夜晚，谷文昌面对长江，心潮起伏，他的心胸就像长江一样宽阔。借着江岸的灯火，他在自己的那个工作本子的第一页上，默写出他最喜

△ 在工作中的谷文昌

爱的《国际歌》的歌词，在歌词的后面写下这样一段话：共产党员要胸怀大目标，四海为家，时刻想着别人，想着大家，想着全人类。我们是为人民服务的，不论什么情况，不论职务高低，不论在什么地方，都要在那里生根开花！

谷文昌之所以喜欢《国际歌》，是他在林县做石匠时，看到高举着旗帜，走在街头，要求国民党政府抗日的学生游行队伍，在国民党军警枪棍下，他们高唱着的就是这首令他热血沸腾的歌曲。这歌曲一直回荡在谷文昌的心里，不论他身处何地何境，这首歌曲就像是誓言，他宣誓，一定要用自己的生命来实践这誓言。

长江之夜，革命队伍中，有的人坚定了自己的信念，有的人悄悄地离开革命队伍。

谷文昌和他的战友们依然走在队伍中，谷文昌用低沉的声音唱着《国际歌》，他的战友问他："'英特纳雄耐尔'是什么意思？"

"共产主义，翻译出来的。"

"共产主义是什么样的？"

"是我们人民的国家，是无产阶级的国家，是有房子住，有好衣服穿，有汽车，有电话，有飞机和轮船……”

“那这共产主义什么时候能有呢？”

“我们大家一起努力，把中国建设成共产主义的国家。”

谷文昌豪情满怀：“来，让我们宣誓：只要是中国的土地，共产党员都有责任去解放、去建设！”

随着中国革命的节节胜利，一切都那么难以预料，捷报频频传来。一座座城市、一个个乡镇从国民党的手中接管过来，这支向南的队伍也在不断地扩大，除了谷文昌这些来自农村的农民干部外，还增加了南京、上海、杭州等地的学生干部。他们白天休息，夜晚行军，为了避免敌人空袭和不必要的牺牲，南下服务团只好趁夜兼程向着江西和福建等地进发。虽然没有激烈的战斗，但零星的小战也不少。

在离开杭州不远的江山地区，一些亡匪在晨曦到来之前，向这支队伍发起进攻。这场战斗整整打了两个小时。在王有和张经学的记忆中，他们一直跟随着谷文昌冲锋在前。王有说：“我当时已经是谷文昌的警卫员。我记得，枪声一响，谷文昌就拿起枪，他看到武装排的同志向枪响的方向冲去，他也毫不犹豫地冲上去。”

江山，崇山峻岭，是杭州市南面的屏障。这支溃逃的亡匪躲在山上，他们发现南下服务团都是一些没有战斗力的学生兵，这些学生兵中不少人都是有钱家庭出生的，在行军途中有的还戴着手表之类的贵重物品，所以顿生抢杀念头。

这场战斗对整个中国革命并没有任何的影响，但对于这些来自农村的农民干部和刚刚置身于革命斗争行列的人却是一次严峻的考验，就是谷文昌这样在革命队伍中已经有多年经验的同志也很少直接参加战斗。我们不能小看这场战斗，这场战斗检验了人的信仰和意志，同时也是一次洗礼。

谷文昌不仅是个区长，同时，他也是一个战士。

1949 年 8 月，谷文昌跟随中国人民解放军进入福建。

1949 年 10 月 1 日，毛泽东在天安门城楼上向全世界宣布，中华人民共和国中央人民政府成立了！

踏入东山

有的东山老百姓在悄悄地观察着、思考着自己该怎么办，大家都小心翼翼地注意着门外的动静，他们听到一个说外地话的人在向大家说话，说完了，另一个年轻人用东山话对大家说：

“乡亲们，今天是我们东山人民的大喜日子，国民党反动派跑了，东山解放了，现在的东山是我们人民的东山，不再是蒋介石的东山了，大家放心，解放军是我们老百姓的军队，大家看看，我们解放军不占老百姓的便宜，不做伤害老百姓的事，我们还要成立人民的政府，专门为人民办事，你们有什么事，只要我们政府能办的，就会为大家办……”

国民党反动派跑了，是的，东山人看到了。共产党来了，东山人也看到了。

国民党反动派坏，东山人深有体会。共产党怎么样，东山人还不知道。因此，东山岛解放这一天，不像我们在电视剧或电影中看到的那样，彩旗飘扬，锣鼓喧天，欢呼声此起彼伏，而是人们在静静地观望，细心地观察。

谷文昌带着翻译沈玉生开始工作。

就在解放军进入东山岛的那个夜晚，冯妈妈没有带任何的食物来到海边的礁石群，她坐在儿子的面前，对儿子冯马顺说：“看来啊，我们的好日子来了，那些解放军不抓人，也不打人，还帮我打扫院子，我想你今晚就回家，明天看看，再没抓人，那我们就熬到头了，我们就不怕了……”

礁石群来的人不止冯妈妈一个，来的几个女人中有人把听说的事讲给大家听：“我家里的亲戚从云霄来，解放军在云霄很久了，和我们老百姓很好，还给他的老妈治病，哪像‘刮民党’尽干坏事……”

“那我们回去看看，趁天黑回去，要不对劲，我们就跑。”

冯马顺和这些逃避抓壮丁的年轻人，还有前来接他们的女人们趁着夜色回到自己的家中，他们在自己的家里度过一个安宁的、困惑的夜晚。他们没有听到狗的叫声，没有听到被抓壮丁的凄厉哭喊声，也没有听到激烈的枪炮声。

冯妈妈和那些女人们并没有安心，还是带着焦虑、带着疑问、带着担忧熬过这一夜，直到又一个黎明来到房前，她轻轻地打开家门，探出脑袋往外瞧了半晌，没有看到凶狠的兵痞子，没有看到杀气腾腾的军官，她看到的是几个当官模样的人向她走来，对着她微笑着，还朝着她点点头。冯妈妈活了几十年，见过不少军队，可就是没见过这样的军队。她还不敢把儿子叫醒，还不敢让儿子走出家门，她对眼前的这一切太陌生了，她的记忆中找不到可以说明这一切的答案。

1950 年 5 月 12 日的东山岛，困惑的人不只是冯妈妈，而是大多数人，他们都像冯妈妈一样静静地注视着眼前发生的变化。实际情况也像冯妈妈所担心的那样，在解放军到来之前，国民党特务早已潜伏下来，这些双手沾满人民鲜血的人，也在密切注视着岛上的一切。

一 肩负重任

★★★★★

解放军把东山县交给了南下服务团长江支队的同志。谷文昌就是其中的一个。5月12日，刚刚进入东山的谷文昌就和他的同志们走上街头，向还躲在家中不敢出来的群众做宣传工作。谷文昌用浓浓的河南口音把话说了一遍，接着由沈玉生或者林周发进行翻译，沈玉生和林周发都是东山人，他们都是东山县较早参加革命的进步青年，在东山解放前就被送到云霄县参加集训，作为解放东山的后勤工作人员。东山解放后，他们就随着南下服务团参加接管东山县的工作。

国民党军撤退后，东山岛是一个什么样的岛屿，国民党反动派给共产党留下一个什么样的东山岛呢？

我们把这一组历史的镜头重新演绎一遍，同时，我们也让大家知道书中的主人公谷文昌和南下服务团所面对的是一个什么样的困境。

演绎一：

远景：一座似蝴蝶状的东山岛，一个看不到绿色的岛屿连接着万顷波涛的大海。

全景：白茫茫的海岸风沙四起，望不到边。

近景：几十艘被烧毁的船只倾倒在港口边。

全景：谷文昌带着几个干部向村庄走去。

近景：谷文昌望着远处，两眼木然。

特写：一个衣衫破烂不堪的老翁和一个光腚的孩

童在村口的沙地上挖着草根。

近景：谷文昌问身边的沈玉生："小沈，他们在干什么？"

近景：沈玉生不解地摇着头，他欲言又止。

特写：谷文昌两眼含泪。

近景（跟移）：老翁从沙地里挖出一棵草根放进自己的嘴里嚼烂后吐出，又把它放进孩童的嘴里。

特写：那个瘦弱的孩童，一口就把草根咽下。

中近景：谷文昌感慨道："我们共产党人不能让群众过这样的日子……不能，不能啊！"

演绎二：

全景：沙堆掩映山口村。黄昏。

跟移：谷文昌一行人走进农户家中。

中景（跟移）：谷文昌走到厨房，一农妇正愁着脸，犹豫地望着祖先的牌位。

中景推向特写：谷文昌揭开锅看，锅里烧的是可以照人的野菜稀粥。野菜稀粥还没有烧开。

近景：农妇的手焦急地捶打着锅盖。

中近景：炉膛里的火微弱将熄。

跟移：农妇慢慢地站起来转身向外面走去。

特写：昏暗的小厅内，正面的墙上，一个方型的凹洞，洞内摆放着先人的灵牌，农妇跪地不停地叩头，嘴里不断地念着："先人在上，请给我们，你的后人一条活路，让我把这餐晚饭煮熟了……"念罢，她伸出战战兢兢的手，把先人的灵牌揣在怀里，急速转身跑到炉膛前，狠狠心，把灵牌放进炉膛里……

近景：谷文昌一行人，脸上显示出无限的忧愁。谷文昌对大家说："共产党就是要改变这里的面貌，否则，我们就不是共产党人。"

这两个历史画面的演绎在说明：东山岛自然环境的恶劣，东山岛人民生活在绝望之中。它在告诉共产党人，要在东山岛站住脚，就要让东山岛旧貌换新颜，就要改造自然，就要赋予人民新的生活希望。具体地说，要给老百姓创造好的生活环境，要让老百姓吃得好，穿得好，有房住，有地耕，有粮收，有钱花。

不仅仅是这些，东山岛还有它极其特殊的地理位置和历史背景。潜伏下来的敌特分子还在虎视眈眈地注视着这个崭新的政权。还有龟缩在台湾岛上的蒋介石依然做着他“反攻大陆”的美梦，他还在磨刀……

建设东山岛的历史重任落在共产党人的肩上，具体地说，这副重担就落在谷文昌这些人的身上。

我们客观地说，1949 年 10 月 1 日中华人民共和国成立，这个共和国的执政党是中国共产党。对于执政，掌管一个国家来说，中国共产党执政的历史刚刚开始，也可以说，是学习执政的开始。

东山县在解放后，分为四个行政区，谷文昌担任一区的书记。他把自己放在老百姓中，他做的第一件事是和老百姓交流，了解真实的群众生活，拟定解决问题的方法。这是一个陌生的地方，对谷文昌这些中原地区来的人，一切都要重新开始，一切都要重新认识。

“小林、小沈（林周发和沈玉生），你们来教我说东山话。”谷文昌想让自己尽快进入工作，尽快掌握情况，尽快为老百姓解决生活上的困难。在共产党建立政权的历史经验中，很重要的经验是让党的干部深入到群众中去。

6 月的东山岛，如同一座火山，漫漫风沙夹带着尘埃铺天盖地，沙滩冒着热气，远处的简陋民房像是要被蒸发。谷文昌带领着区领导一班人，向村庄走去。他身穿蓝色的带着补丁的中山装，脚下是一双破旧的军鞋，身上挎着军用挎包、手枪和军用水壶。挎包里装着区政府的公章和一个笔记本，还有就是两块馒头。他走起路来略显得向右倾斜，这是他打石和扛石头那阵子留下的习惯。

这是根据东山县委布置的任务而开展的反对封建地主、恶霸成立农民协会和建立新政权的重点工作。

谷文昌离开一个村庄，心情变得非常的沉重。这个村庄有不少家庭深受国民党军的迫害，许多家庭里，看不到一个男人，这该怎么办？我们给这些被国民党军强制抓走壮丁的家属定什么政治成分？

不但是谷文昌一个领导在思考着这个问题。二区、三区和四区的领导也都在思考着这个问题：谁是革命的对象？如果这些人都是我们革命的对

△ 东山县东山岛一角

象，那么我们的人民群众在哪里？

这里是东山人说的山口村。谷文昌刚刚进村，就看到几十个衣衫褴褛的村民正在为一户农家扒去沙堆。

“这是严重的。”林周发告诉谷文昌，“一般情况下，都是第二天一早起来把家门口的沙堆扒去。今天，这家不扒去沙堆，明天一早就出不了门了……”大家了解完村里的情况后离开山口村，向另一个村庄走去。

谷文昌双眉紧锁，意识到东山县不是河南的林北县，它是个很特殊的地方，要在东山县建立起政权并不难，但要把政权建在东山人民的心里却是一件难事。必须改变东山的现状，而改变东山的现状，最重要的是要把环境彻底改变。东山有两个环境，一是政治环境，也就是这些被国民党抓去当壮丁的家属该给她们以什么样的政治地位；二是自然环境，也就是要从治沙着手从根本上解决东山县的生存问题。

这个村叫湖塘村。湖塘村在东山岛东面，依傍着西埔港湾的小村庄。这个村庄前是沙滩，后是沙滩，左右是沙滩，村与村连接的是沙滩，户与户挨着的也是沙滩。谷文昌和大家走的是沙路，没有别的地方可走。他们走进一户人家，这家的主人叫蔡海福。

大家望着蔡海福的家，一个年迈缠脚的母亲，一个20多岁的妻子，还有他们俩的女儿，一张床落在沙土搅拌在一起的地上，没有床脚，在他母亲的那个房间里，一样的床，一样没有床脚的床，其他的什么也看不到了。

在蔡海福的厨房里，谷文昌看到的是几块还没干的牛粪和几根还没有烧完的床脚。谷文昌就站着和蔡海福说话，他从蔡海福那张黑红色的脸上，那被海风和生活的焦虑刻出的一道道皱纹里，看出这个人不屈不挠的性格。他从谈话中得知蔡海福和自己年龄相仿，是个受苦受难的人，而且他对改变东山的面貌有自己的想法，两个人一见如故。蔡海福对谷文昌那种平易近人的作风备感亲切，但他还是有些战战兢兢的，不管怎么说，谷文昌是个区长，是个国家的干部，而且还是个官。

"我也是农民啊！蔡海福……"谷文昌生怕群众把自己当成官，他微笑地看着眼前的这位海边的农民。

蔡海福木然地看着谷文昌，他对这样的官心里暗暗想着，怎么会有这样的官呢？在他的经历中，官不是这样的啊！那些记忆里的官们，不是呵斥老百姓，就是动不动叫老百姓交钱纳税，你要不交，跟着的就是抓人、打人。

"我们是共产党，共产党和国民党不一样，共产党是为受苦的老百姓来的，老百姓的苦难就是我们的苦难。我们来，要成立人民的政府，这个政府是为你们农民办事的，你们农民需要什么，我们就要想办法为你们办什么……"谷文昌把自己来的目的告诉蔡海福，蔡海福显然有点激动，但他什么也没说，只是默默地听着，点着头。

谷文昌走了，他在走之前紧紧地握着蔡海福的手，蔡海福从未这样被一个当官的握着手，一股暖流从心里往上涌，他的两眼含着热泪。

"你需要我做什么，我一定把它给做好……"蔡海福留给谷文昌的这句话，成为日后他们俩之间的崇高友谊的开始。谷文昌把这位农民朋友看成自己的兄弟，在后来的日子里，他们俩携手为东山人民创造出奇迹。

蔡海福望着谷文昌一行人远去的背影消失在白茫茫的沙丘上，他开始准备为谷文昌这些人做些自己力所能及的事，他开始相信这个名叫谷文昌的人。因为他说的话是农民心里的话，他想做的事是整个东山人民希望的事。

海风卷起沙尘，在天空中肆无忌惮地狂飞乱舞，打在谷文昌他们的脸上，留下一点点的红点儿，大家的鼻腔里冒着焦热的气味。正是午餐时间，谷文昌对大家说："我们边走边吃吧，这样可以节省时间，又能快点离开沙丘。"大家觉得谷文昌的办法好，于是边走边就着那点儿水，想把馒头放进嘴里，可那狂风夹带的沙子紧跟着刮进大家的嘴里，大家只好侧着身体，斜走在沙滩上，用自己的身体挡住风沙，同时也让这餐午饭在风沙的行进中吃完。在他们边吃边走的过程中，老百姓都看在眼里，他们把这些人的一举一动记在心里，老百姓开始向自己发出疑问：这些人，是些什么人？他们为什么这么做？他们手里都有枪都有权，他们想得到什么就可以得到什么，为什么要冒着这么大的风沙到我们村里来和我们谈什么解放和革命，谈什么成立农会？他们这么做又为了谁？他们千里迢迢从北方来到东山岛，把自己的家都抛弃了，又为了谁？

他们是好人！东山来了好人！

这就是人民为他们做出的结论。

谷文昌一行人走了几个村庄，访问了十几户的村民，他们没有在村民家里喝一口水。因为谷文昌没有喝，所以大家也就都没有喝。谷文昌知道，这里的群众缺水，这里的群众没有柴烧，缺少燃料。

谷文昌一行离开村庄后，这个夜晚，山口村、湖塘村、后姚村等村庄的农民们开始传播一个信息：

他们这些刚刚来的共产党人是我们自己人，他们对我们农民平等相待，甚至，把我们放在比他们自己更重要的位置上。

"我们当时想的是什么？想的是群众。"林周发回忆起当年的情景，“我们在群众家里，从不喝群众的水，从不吃群众的饭，那时东山县的老百姓太苦了，大家都不忍心增加群众的负担，哪怕是一点点……”

天真的变了，变成另一个天。这天是我们农民自己的天啦！

道路依然曲折

这段历史，不是谷文昌一个人在书写，而是许多个谷文昌在书写着。

在东山岛的其他三个区，三个区长都用同样的作风走进东山群众。当时的县委书记郭丹、副书记张治宏等接管东山县的共产党干部，他们把个人利益摆在群众利益之后，他们走到哪里，就把真诚带到哪里，把信任带到哪里。

这是一代人的作风，不只是一个谷文昌这么做的。他们把共产党的一种人格带到老百姓中去，形成那段历史中崇高的社会风气。我们应该尊重这个历史，应该真实地把这段共产党人的历史告诉给今天的人，也告诉给后来的人，让他们知道共产党在创立人民的国家时展示给人民的作风和所体现的一种人格。

也许，当时的东山岛，共产党开始让蔡海福这样的农民和渔民接受的首先是他们的人格，而后才是接受他们的思想。

历经数十年，乃至百年苦难历史的中国人民，一直生活在战争的灾难和自然的灾难中，人民的追求随着一场场的灾难而破灭，一个古老的民族，一个历史上创造了人类文明的民族，一个强大的民族被漫长的封建统治所压迫，被迅速发展的帝国主义列强所欺凌。于是一场场民族的悲剧伴随着民族的历史。人们不禁要问历史：谁来拯救中华民族？谁能把这个民族从历史的悲剧中彻底地解放出来？中国，这个地球上偌大的国家该往何处去？中华民族的精神主体在哪里？谁能把地球上这个四万万的人民聚拢在一起？具体地说：蔡海福这样的人，他的心里和肉体都受到巨大的伤害，他生活的希望在哪里？何时能够走出灾难与贫困？他的精神世界里该相信谁？时间让中国人看到希望，真正的希望，看到有一种精神值得他们信仰。

沈玉生，这个东山岛上土生土长的人，他上学多，他接触进步思想较早，他在自己的人生道路上，选择了跟着共产党走。他说："那时，整个中国的知识分子都在寻找自己的道路，因为共产党能把一个旧中国从历史的灾难中，从民族的灾难中解救出来，你想，30 年代的中国，40 年代的中国，还有哪一个政党、哪一种学说能够完成这些历史的重任？能够把整个中国从苦难中解救出来的，只有共产党……" 所以沈玉生参加了共产党的外围组织，参加了解放东山岛的后勤工作，参加了东山县的土改工作，成为一个共产党的干部。他在土改期间，和当地的地主恶霸势力进行了艰苦的斗争，在这些复杂的斗争中，沈玉生几乎献出自己年轻的生命。

东山岛解放后，共产党领导的工作组进驻各区，沈玉生被分配在一区，一区的区长是张金川，谷文昌任书记兼指导员。当时，古雷半岛（当时隶属东山县，后划归漳浦县管辖）虽然解放了，但国民党岭南反共救国军王信团潜伏下来，他们手中有精锐的美式武器，有国民党统治时期的保长、甲长，他们自己却躲在幕后，组织平海会暗杀团，这个平海会暗杀团是以那个名叫林平海的人名为团名，继续进行反共活动。他们将谷文昌、沈玉生、林周发等人列为暗杀对象，他们制订了一套完整的计划，杀死一个村干部赏 200 块大洋，杀死一个区干部赏 300 块大洋。

1950 年 8 月，农历七月十五。那个林平海表面上积极向刚刚成立的农会靠拢，参加农会的所有活动，但在背地里却执行国民党特务预谋的计划。

一区的区公所设在游鳌村的祠堂里。前一天，林平海就借群众之口来找谷文昌和沈玉生，说明天村民要敬奉祖先，要求区公所开放祠堂，让村民进入祠堂。实际上是兵分三路，一路发动受蒙蔽的群众向祠堂集中，另一路是他们的暗杀团的杀手，埋伏在谷文昌这些干部经常路过的地方，还有一路，也是他们暗杀团组成的狙击队，专门狙击前来救援的解放军和农会民兵。

林平海早在暗地里向群众散布谣言，说："什么共产党，共产党不就是共产共妻嘛！我们要趁共产党还没站稳脚跟，赶快把他们赶走……"

这天早上，区委书记谷文昌前去龙口村，区长张金川前去港口村，留下的就是沈玉生和四个农会干部。到了8点多钟，就听到祠堂外锣声大起，沈玉生隔着门缝往外看，四周全是人，就听有人在喊："共产党搬出去，这里是我们的祠堂，我们要敬拜祖先。"

沈玉生没有让人群进祠堂，因为他还没有弄明白外面人员的情况，只见个个杀气腾腾，手里拿着锄头和棍棒，根本不像是来敬拜先人的。他觉得形势不妙，立刻派出一个农会干部从后门出去，尽快把农会的武装和驻军请来解救。

在沈玉生派人前去搬援兵时，外面有人喊："大家不要理他，不要怕他，我们已经把那两个外地人给杀了，一个叫谷文昌，一个叫张金川。这个人是我们本地人，是他把共产党引来的，要来和我们共产共妻，我们也把他杀了，怕什么，难道我们就让他们把我们的妻子'共'了？难道我们还让这些人把我们的渔船和房子'共'了吗？打死他！"

经这些人挑拨，气氛愈发紧张，人群拥向祠堂。沈玉生没有遇到过这样的场面，开始紧张，但他坚持一条，不能向群众开枪。

沈玉生没想到，人群在林平海的挑拨下开始向祠堂扔起石头，石头雨点般地飞向祠堂，继而发展到围攻祠堂的区公所，想把共产党在这里的机构逼出去，离开这里。

就在沈玉生坚持着、阻止着事态的发展时，一只手将他强拉出祠堂，这时不知从何处飞来一块石头砸在他的头上，鲜血蒙住他的眼睛……

在龙头村和港口村方向的谷文昌和张金川，还不知道区公所发生了如此重大的事件，他们俩均因临时改变工作计划而没有离开村子。那些在村子外埋伏的暗杀团杀手，没有等到谷文昌和张金川。但不幸的是游鰲村前来开会的两名村干部林来福和张邦金在回村的途中被林平海派来的杀手击中，当场牺牲，凶手将两位干部的尸体拖到海边，埋在沙滩上，并用礁石压上。

而在祠堂外闹事的人，他们大部分是渔民，刚巧在沈玉生被打后不久，天下大雨，渔民们纷纷赶回家收拾晾在外面的海产品，这场经过密谋策划的“朝拜祖先”事件宣告结束。当救援的部队赶到时，沈玉生才从昏迷中醒来，群众已经把他的伤口包扎好，他什么也没说，只是微微笑了笑。

谷文昌和张金川到了下午才从他们各自的工作点离开，一路上，他们就听说区公所发生的事，谷文昌和警卫员王有匆匆地赶回，王有一路警惕，他把手枪从枪盒里掏出来，提在手里，他时而走在谷文昌的前面，时而走在谷文昌的后面，他在告诉自己，不能让谷文昌受任何的伤害。谷文昌也把自己的手枪提在手里，只要有情况，他们就可以立刻做出反应。像这样的日子，谷文昌和张金川整整度过一年之久。

这天晚上，谷文昌和张金川召开紧急会议，同时将发生的事件向当时还设在云霄县的东山县委做了汇报。谷文昌和张金川做出部署，抓紧土改，深挖隐藏的敌人，在人民群众中建立党和政府的威信，巩固刚刚建立的区公所。

随着土改的深入，谷文昌和张金川以及林周发和沈玉生等人，在公安部门的配合下查出了林平海这个往日假装积极参加革命的隐藏的敌对分子以及暗杀团的所有成员，并在土改的斗争中，将其就地正法。

公开审判的这一天，谷文昌把地点设立在发生事件的祠堂前，他想告诉群众，区公所是为穷人说话的地方，他想告诉那些图谋不轨的坏分子，反对共产党、反对新政府必遭严惩。沈玉生用本地闽南话宣布了那些长期欺压老百姓的一个个地主恶霸、渔霸及隐藏的敌特分子的罪恶，宣判了他们的死刑。

这场公开审判会在民众中产生巨大的影响，让人民群众看到新政府的权威和希望，同时也让一些妄图继续与人民为敌的人感到畏惧与绝望。

当整个东山岛从国民党手中解放出来后，谷文昌率领他的工作组进驻重新划分的区域，这个区域依然名叫一区，但所管辖的地区却是国民党统治时期东山岛的中心地区——铜陵镇。

铜陵镇是东山县的核心，这里历来就是东山县最繁华的地方。谷文昌任一区书记，张金川任区长，下有张寿全和方伟奇这两个闽南青干班的青年地方干部。

谷文昌领导的一区干部随着解放军解放东山岛的队伍进入一区地界，整个铜陵镇看不到几个人上街欢迎他们，人们还躲在家中，悄悄地观察着这支共产党队伍是如何对待他们的。

经过调查，谷文昌和张金川都发现一区的铜钵村是受国民党军迫害的重灾村，他和张金川带着几个人前往铜钵村。

6月的铜钵村，沿着阳光下的坑洼小道，一栋栋低矮的土屋、石屋里露出的都是女人的脸。一个站在门外观望的老阿婆眯着哀伤的眼，用本地话问身边的媳妇："这脚步声怎么这么生啊？"

媳妇告诉她，这是解放军的工作队来村里了。她问媳妇什么叫工作队。媳妇不知该怎么回答婆婆，说不出理来。谷文昌随从的翻译把她们的对话告诉给谷文昌，谷文昌立刻走近老阿婆说："我们是共产党派来的，是替穷苦人说话办事的。"

"有这事？还有人会为我们说话办事？"

"有的，就是我们，我也是穷人出身啊。"

“那你会帮我办事吗？”

“会的，只要你说，我能办的一定为你老人家办。”谷文昌看清了这个老阿婆是个半瞎子，但不知道老阿婆为什么眼瞎。

“你真的会给我们这些穷人办事？”

“会的！”谷文昌斩钉截铁地说，“我们共产党是专为你们这些穷人办事的。”

沉默，老阿婆沉默了许久，突然“哇”的一声号啕大哭：“你们怎么才来啊，我的孩子都被他们给抓走了，我们的日子怎么过啊！你看，你看，你看看，这一家走了两个男人，留下的全是我们这些女人和孩子，你们去把我的丈夫和儿子救回来，救回来啊，共产党……”说着，这位老阿婆跪在谷文昌和张金川的跟前。

谷文昌急忙把老阿婆扶起来，但老阿婆就是不起来。村里的人听到哭声，慢慢地走出家门，看着陌生的谷文昌和张金川等人。

这一天，谷文昌和张金川的收获很大，他们把铜钵村的基本情况了解后，制订了斗争大会的时间和地点。

铜钵村的这场斗争大会燃起了一团烈火，这团烈火把整个一区的土改工作推向了全面发展阶段，促进了一区土改工作的顺利进行。

在铜钵村的斗争大会后，谷文昌就把铜钵村妇女被压迫的情况记在心里，后来，他和那一任的县委领导们以新名词为这些苦难中的女性带来了新的政治生命，开创了当时历史的新篇章，至今成为佳话。

工作组白天下乡，走村串户，吃在群众的家里，晚上回到驻地开会研究工作，有时还要参加反特行动。当时，国民党特务和反动残余势力经常在夜间出来活动，散布谣言，迷惑群众，尤其是一些被国民党抓去当壮丁的家属，他们常常接到诸如“谁跟共产党就杀谁”“跟一个杀一个”“谁杀一个共产党，就会得到奖赏”等等恐吓。谷文昌和张金川就是在这样的环境中凭借着自己朴素的感情，走到哪里就和群众一起劳动、一起生活，拉近自己与群众之间的距离，他们与群众之间渐渐地建立起牢不可破的关系，尤其是那些深受地主恶霸迫害的穷苦百姓，谷文昌和张金川对他们备加关怀，在他们中间引起强烈的反响。

就这样，在短短的时间里，谷文昌和张金川把一区的整个社会情况掌握在手里。他们把敌对势力慢慢地划分出来，进而开展了反地主、反恶霸、分土地的运动。这场运动是共产党在东山岛上的第一场势不可当的土地革命运动。

这场运动，从真正意义上讲，是共产党改变中国社会古老的生产关系，进而解放生产力，对新中国的巩固与发展起着向前推动的作用。

谷文昌和张金川他们凭借着什么，在短短的时间里，让几百年来生活在封建制度下的东山群众接受他们的思想？为了说清这个问题，我们得把历史镜头重现给今天的读者。

谷文昌穿的是一件灰色的或黄色的中山装，打着和农民一样的补丁，穿的是和农民一样的鞋，或者和农民一样打着赤脚。如果农民是在地里劳动，谷文昌也就卷起裤管下到地里和农民一起劳动。谷文昌喜欢和农民平等对话，他先帮着农民卷一支纸烟，然后再给自己卷一支纸烟。谷文昌和农民说话的内容很通俗：

“你家里几个孩子？”

“三个。”

“那这地里的活，没人帮忙？”

“有，大的孩子。”

“这样两亩地，一季会收多少斤？”

“400 来斤吧。”

“三个孩子，一家五口人……还做点什么？”

“没了。”

“为什么不养些猪？猪可以换点儿钱，有钱了，大米不够不就可以买些补给嘛！”

“你们共产党为我们想得真细啊！”

“就是想让你们过好日子嘛！要不那么多共产党人牺牲了，大家还过苦日子，那我们革命是为了什么？”

“噢！共产党真好！”

“你们不怕国民党？”

“怕什么？我们大家要是都怕，那国民党不就会再回来？那大家的日子不又苦了。”

“国民党说，要杀你们呢。”老百姓还有些担心。

“国民党真要杀我，那他就不会跑到金门和台湾去了，在这里的那几个人，我们才不怕呢，这天是我们人民的天，这地是我们人民的地，是共产党给你们的权利，共产党是你们的后台，你们就大胆地种田……你们日子过好了，我们就高兴，你们的日子过不好，我们就伤心了。”

一位老农现在回忆道：“不一样啊！那时的共产党和先前的国民党简直是两张面孔。国民党的官除了骂人和打人外就是为自己捞钱，想的是自己怎么从老百姓身上捞点什么好处，他们来到我们家，我们就知道，他们想要干什么，不是交租，就是纳税，你交不起，二话不说，抓人，等你交了钱再放人，所以常有人被逼得四处流浪。共产党的官一进东山岛，第一件事就是为老百姓着想，分田分地，斗地主恶霸，打土豪劣绅，帮着我们种田耕地，你说，这个江山怎么不是共产党的江山？国民党想也想不到，共产党会那么快把东山岛给打下来……”

“你想，共产党来了，他们干什么了，他们和我们一样吃一样住，一样做，我们做什么，共产党也做什么，我们想什么共产党也想什么，你说，我们能不跟共产党走吗？！”

这就是人民在选择着领导者或是选择着领导他们的政党。这没有必要进行举手表决，没有进行投票选举，而是人民的心里自有自己的选择。

群众讲的道理通俗，没有太多的政治理论，他一样总结出历史的经验。

心系人民

得民心者得天下

“你听，你能听到吗？你的儿子正在我的怀里吃着我的奶呢，明年这时候，我让他喊‘爸爸’，让这海把他的声音传到你的身边去……”

“你放心，爸爸妈妈交给我了，千万别担心，你要相信我一定让他们老人家吃好穿好，我一定会孝敬他们直到你回来……”

“爸爸,你快回来吧,快点回家吧,我们好想你啊!”

“儿啊！我把你爱吃的东西都放在这儿，等会儿，让海浪把它送过去，你慢慢地吃，这是妈妈专门给你做的，你的媳妇对我很好，我想吃什么，她就给我做什么……”

“他妈的，刮民党，我恨他们……”

“伤天害理的刮民党，我们要打到台湾去……”

谷文昌悄悄地向海边走近，他走到一个裹脚的老妈妈跟前，亲手把老妈妈扶起来，他对这位老妈妈说：“我们会把你的儿子从国民党手里救出来的，台湾，我们总有一天会把它解放的，不仅是你的儿子要回来，所有的台湾同胞都要回到新中国的怀抱。”

在这时候，在谷文昌的心里，把人民放在母亲的位置上，把自己的爱凝聚在人民的事业上，把为社会主义新中国、为党和人民奋斗终身作为自己的目标。

人民所要依靠的是英明的执政党。

纸船随着波涛漂向大海，夹带着女人和孩子的祝祷与企盼。

谷文昌听到了，虽然并不全懂，但他的心在感觉这个思念的场面，感觉着这里的每一个母亲的心，感觉着每一个做媳妇的心。这个海，此时在谷文昌的眼前是哭泣的海，是悲伤的海，这些祈求的人们就这样留在他的心里。谷文昌把这场面铭记在心头，开始思考着如何帮助她们解决生活上的问题和她们政治上的问题。他把群众装入自己的心里，把东山县的人民装在了自己的心里。

这时期的谷文昌，非常明确自己的任务，他要把人民的利益和执政党的利益密切地联系在一起，这是一个至高无上的事业。此时，谷文昌从一个普通的共产党员开始走向一个把人民利益和党的利益紧密结合在一起的，并决心为此牺牲的共产党员。

“我要尽快地把党组织建立到群众中去，发挥党在群众中的积极作用。”谷文昌把这一计划向县委做了一次详尽的汇报。他说：“群众开始觉悟了，我们的任务是和人民一道为建立新的东山县而努力工作，那么我们很有必要尽快在乡村建立基层政权和党的支部，让群众依靠党的领导，发展生产，摆脱困境。”

和人民在一起

1951年，东山县人口为8万多人，被迫成为国民党军士兵的人数为4700多人。在土改划分成分的时候，他们家属成分的认定，很让当时的郭丹、张治宏和谷文昌等东山县的领导为难。

难道我们要把这些人全部划到另一个阵营里去？那么我们这个共产党在东山县的阵营里还有多少人？虽然说政策不会给这些人什么处置，但我们不能把这些已经深受国民党迫害的家属，拒绝在我们党的门口，而应该把他们作为我们的兄弟姐妹。从真正意义上说，从阶级本质上说，他们应该是我们的兄弟姐妹。共产党在东山岛的敌对势力不可能有如此众多的人数。这些人出生贫寒，应该是我们阵营里的基本群众，不能因为那场历史性的灾难，就把他们从我们的身边赶走。我们共产党人应该正确对待这些历史问题。

这是谷文昌当时的想法，我们失去了他们，也就失去了东山县绝大部分人的心。

在这段时间里，谷文昌把主要的工作放在贯彻落实互助合作政策方面。他在自己任职的康美区（当时叫作一区）区委书记兼县委组织部长位置上，把党的富民政策落实到每家每户。

这个政策，立足于中国农村的实际状况，让广大农民通过互助合作来解决自己的生产问题。这是中国

△ 谷文昌在研究治理沙丘

共产党在农村实行土改政策后又一利国利民的政策，它把农民所分得的土地和耕牛、农具，再加上农民自己的劳动力，进行自愿的合理的组合，来发展农业生产。

谷文昌在两个地方进行试点，一个是康美村，一个是铜钵村。他想要解决两个方面的问题：一个是劳动力强的互助组，一个是劳动力较差的互助组。康美村虽说也受国民党强拉壮丁之害，但比起铜钵村来说，要略少一些，毕竟康美村多了些男性的青壮年，而铜钵村就有所不同，必须依靠那些妇女来组成互助组，来解决她们的生产与生活困难。只要在这两个村解决了农民生产与生活问题，那么在整个东山县就有了一定的代表性。

谷文昌首先想到的是康美村的林守道。林守道是个积极分子，热爱集体，听从党的安排，工作努力。除此之外，林守道还多了点想法，想把分给自己家的地种好，解决自己的生活问题。

初冬，东山岛的气候转凉，谷文昌就和几个区干部来到康美村。区委离村子不远，谷文昌边走边观察着农田里的情况。他看到东山的农民翻耕不够细，没有采用精耕的对翻方法，他对身边的工作人员说："你们这里怎么翻耕得这么粗呢，这样不行啊，会误了播种。"

东山岛农民在每年秋收后，开始翻耕土地，但他们习惯翻一道，而另一道则被盖在下面，这样没有把整块地翻在外面，没有达到消除虫害的作用。

走了一段路，谷文昌看到林守道正在地里耙土，谷文昌不说话，卷起裤管和袖子，一脚就落到地里，走到林守道的跟前，接过赶牛鞭，熟练地把耙子从牛脖子上脱下，再把犁子套上，把牛赶到田头，把没有被翻耕的那一道翻开。谷文昌整整翻了三道后才停在林守道的身边，指着地说："地是母亲，你要这么关照她，她才有丰收的成果来回报你。什么叫精耕细作，这就是要把活做细了。你不精耕细作，你不把地全翻一遍，虫害就没法杀死，虫害不杀死，你哪来的丰收啊！"

在场的人目瞪口呆，他们怎么也没想到作为区委书记的谷文昌对农活是这么熟练、这么精通，他们谁也没想到，谷文昌最后告诉他们："你们知道吗，我也是农民……"

他说完这话，对身边人说："要检查一遍，全区都要检查一遍，看看大家是否都是像林守道这样耕作的，如果都这样，那要求大家立刻改变过来。耙地还不是时候嘛！"他转向林守道："你不过是在为播种耙的地吧？"

林守道点点头，他没想到能从这个叫作谷文昌的领导这里学到与本地不同的有关农业耕种的技术："谷书记，我们这里的人都这么做的呀。"

"那怎么行？"谷文昌重复了翻耕要细的道理，他强调："大家要争取今年上半年丰收，就先要在上一年的秋收后细耕，要求大家把土地翻一遍，要深翻，这样才能保证第二年插下去的秧苗能够长好，不受虫害。"

这是谷文昌的作风，只要他走到哪里，他都会把先进的农业技术带到哪里，而每项技术他自己都会做一遍、甚至做几遍给农民看，让农民接受。

"守道啊，你不是想把田里的活做好吗？"

"是啊，谷书记。"

“那靠你一家人是不够的呢，我知道，你家里的地是4亩，你没有牛吧！”谷文昌对自己区里的情况的确是了如指掌，这些农民在刚刚进行的土改中，谁家里分到什么，谁家里有多少的劳动力谷文昌都知道。他记得，在分地分物时，这个林守道很快就提出多要些土地，少要农具，他就知道，这个人有头脑，会想事，知道土地多了，粮食自然就多，劳动力不够，可以想办法，而土地是想不到办法让它多的。

“现在，政府提出互助组的办法，今天晚上我们就要开这个会，向全村的群众讲明互助组的好处，尤其是像你这样的家庭……”

“谷书记，有哪些好处，你先给我讲吧，我可以向大家讲呢。”

“互助组，就是大家自愿结合，比如，你家里有地四亩，他家有一亩，我家有两亩，我这一亩显然不够，但我家里有两个身强力壮的儿子，我把这两个儿子算劳力，除了在自己家的地干活外，还可以到你家干活，你算工钱分给他，或者到了收成后算粮食给他，你的问题解决了，他家的问题也解决了，你没有牛耕地，别人家里的耕牛闲着……”

“哦！”林守道笑了，笑得非常惬意。

一项深入民心的政策，不需要太多的解释，不需要太多的讲演，只要是符合民意，它就会像风一样飞快地到处传播，就会得到积极的响应。

就在这天晚上，在康美自然村召开传达贯彻中央精神的会议前，林守道带着好几个人来到谷文昌的面前：“谷书记，我们三户合成一个互助组。”

谷文昌抬头一看，倒真是很好的合作者。林守道显得非常激动：“谷书记，我家情况你知道了，他们两家的情况……”

“我也知道，你们三户很好，有地有牛有农具有劳力……”谷文昌略有所思地看着他们，林守道急了，他生怕谷文昌不同意：“谷书记，有什么不行的吗？”

谷文昌点点头，说：“行倒是行，守道啊，你能不能再增加一户？”

林守道不解：“谷书记，是不是规定要四户才能成为互助组？”

“那倒没有，我是在想，你们这三户身强力壮，条件都很好，你们能不能帮一户差的？”

林守道有些犹豫，他回头看着其他的人，其他人却看着谷文昌。谷文昌说：“都是穷人过来的，大家帮，总比他一家人熬着好吧，多一户妇女家的，你们也别看人家是女的，说不准，人家要比你们这些大男人都强呢。守道，你在村里是有影响的人，你带个头……”这是谷文昌的党性原则，也是他良心的原则，他清醒地意识到，一个好的政策，还必须有个好的执行人，这个好的执行人，就必须把政策运用好，要把政策所带来的好处落实到每一个人的身上，不能只想到一部分人，而应该想到所有的人。只是强强连手，那弱者怎么办？因此，他要求林守道这个互助组要拉弱者一把，不能把条件差的农户留在互助组的外面。

“行！谷书记，你说得有理，今天是共产党说的，我们听共产党的，穷人帮穷人。”林守道率先表态，其他的几个人，也接着表示接纳一户条件较差的人家成立康美村第一个互助组。

会议开始了，谷文昌讲话很简短，他拉着林守道说：“大家都看到了，党的政策，大家也都听了，现在，我把林守道和他们四户人家要成立第一个互助组的情况介绍一下，大家就都明白了，这个林守道，大家都认识，他家的情况大家都知道，那么……”

没等谷文昌说完，下面的群众激情高昂，大家相互交换着意见，相互提出各自的条件，相互制订了规矩。谷文昌等人离开了会场，打着手电筒，走在乡间的小路上。谷文昌的脸上略带着欣喜的神情，留在他们身后的是一群对生活充满着希望的农民，而留在他自己心里的是对党的信仰与崇拜。这些工作，他早在河南林县时就已经从事过，今天，他不过是再次把党和政府的关怀送到东山岛人民的心中。

这一年，康美村的田野上充满着生产的热情。

这一年，康美村的所有互助组都丰收了。

这一年，康美村的农民从贫困中解脱出来了。

1951年春节，东山岛的人依然按照自己的方式过年，三十晚上，先敬祖宗，后进大餐，到了大年初一早上，天色未明，就开始赶往位于铜陵镇海边的关帝庙向这位忠诚志士朝拜。据说，关公很灵验，尤其是对那些出海的人特别“爱护”，会保佑远离家乡的人平安。但要进入铜陵镇，也就是当时东山县委所在地，沿途大都是沙滩。春天在这里看不到遥远的海，沙尘还是那个德性，从沙地上慢慢地卷起，到了一米高的高度，姿态骤变，像个疯狂的醉汉，肆意践踏着一切，只要它想到达的地方，哪怕是一个小小的缝隙，它也要钻进去。每个敬香的香客身上都沾满了沙尘，因此，到了关帝庙前，都必须除掉身上的沙尘。

在关帝庙前，有一行行的沙堆，这沙堆就是赶来朝拜的人留下的。人们为了表示对关公神灵的敬重，在进庙前都把自己身上的尘土清除干净，而后以虔诚的心情迈进庙门，于是就留下这一行行的沙堆。

谷文昌站在办公室的窗前，望着这些匆匆来去的老百姓对县委办的林周发说：“小林，你看，这些老百姓实在贫穷啊，这大年初一，他们身上穿的就这么的破烂，我们要尽快地想办法解决他们的困难，还有那些失去亲人、失去劳动力的妇女，她们今后需要我们给她们很多很多的帮助。”

“是的，并不是所有的东山县群众都改变了自己的贫穷面貌，那些自然环境差的地方，老百姓的日子还是很难过的。”

林周发早看到了这些问题，他是东山人，是目睹着东山变化长大的人，他最了解东山，谷文昌的感慨使他备受感染：“谷政委啊，老百姓最急需的是增加他们的收入，尽快摆脱贫穷，有些事，不是我们可以解决的，那些妇女

（指被国民党军抓壮丁的家属）我们可以先帮助她们解决生产问题，其余的事，是国家政策上的事。”

“要摆脱贫穷,我们需要做些什么？”谷文昌问。在一年多的社会实践后,谷文昌对东山的情况已经非常了解了，但他还是希望听听林周发的想法。

“现在各乡村的生产恢复了，但产量太低，很难解决农民的困难。”林周发和谷文昌共事一年多了，对谷文昌的性格也有所了解，在谷文昌面前用不着采用委婉的言辞，只要是工作尽可直言不讳。

“要提高单位产量，就必须改变环境，改变粮食的品种……”

“我想把这些事在一定的时候做起来。”谷文昌说。

“如果你真能把这些问题解决了，你就必须做好在东山岛工作 10 年，乃至 15 年时间的准备啊。”

“是啊！”谷文昌回过头认认真真地看着林周发，“我来东山岛就没想过要走的。不救民于苦难，要我们共产党人来干啥？”

从 1950 年 5 月 11 日东山县解放，到 1951 年的春节，谷文昌从区长，到县委组织部部长，这期间，已经有三任的县委书记因为工作的需要，离开东山岛，而他没有想过要离开东山岛，而且他一直在思考着东山县的问题。在这一年 9 个月的工作中，他与东山县的许多群众有了深厚的感情，他不仅和沈玉生、林周发有了一定的感情，还和像蔡海福这样的贫苦农民也建立了感情。他在心里为自己的人生做出了一个重大的决定，要把东山作为自己的故乡，要和东山群众一起改变东山的面貌。他凭借着自己仅有的文化基础，凭借着有沈玉生和林周发这样的好干部，凭借着自己多年的农业生产经验，凭借着自己的感情，为东山人民制订了改变东山岛面貌的计划。在这个春节到来之前的那几天，他几乎都在乡村走，他亲眼目睹了那场灾难之后，寡妇家庭的凄凉情景。

过了这个春节，时刻牵挂着农业生产的谷文昌和林周发，还有铜钵村的驻队干部郑伟山、蔡维名沿着田野到铜钵村。沿途，谷文昌一脸沉重，他没有看到多少人在地里准备春耕，只有零零星星的几个年纪大的男人在耕地播种。他知道铜钵村的情况，他在这里分过土地，他和区长张金川研究决定,要在铜钵村发动妇女参加农业劳动。在谷文昌看来,这有许多好处,一能解决铜钵村的生产问题，二能把妇女彻底地从传统的封建意识中解放出来，这会给全县的妇女带出榜样来，使妇女成为一支能发挥作用的生产队伍。

谷文昌在大家的陪同下来到贫农谢连春的家。

谢连春和妻子黄阿香有两个男孩子和一个女孩，出现在谷文昌和林周发面前的一家人只穿着破烂的薄衣，寒冷和饥饿的孩子围在炉火边，贪婪的两眼望着在熬地瓜米粥的母亲。

郑伟山和蔡维名悄悄地告诉谷文昌和林周发："这家人，大儿子被国民党抓壮丁到台湾，这女孩阿美是他们家的童养媳，是我们村的积极分子，工作很出色。"

"阿美！"外面有人喊，"谢阿溪来了。"谷文昌对铜钵村的几个主要人物十分熟悉，便起身迎接。

"谷书记在这儿啊。"谢阿溪看着谷文昌，叹气道，"谷书记，你来了，太好啦。我这农会主席不好当啊……"

谷文昌静静地听着谢阿溪这个老贫农诉苦："这国民党真坏透了……"

"老话啦。"谷文昌说，"阿溪，我知道你想说什么，你是说，你们铜钵村没有劳力。"

谢阿溪点点头："春耕就要开始了，我们怎么办？田都分到各家各户了……"

"你这是大男子主义。"谷文昌说话有点儿艺术，他没有把话挑明着说，而是把目光落在谢阿美的脸上。他看谢阿美一脸的刚毅，两眼的光芒显示了她不屈的性格。

谢阿溪明白，60岁的长者连春伯对这事还是有所顾忌的："我们这里的人，有个习惯，女人不能下地，更不能耕地，不能碰牛，否则转世来不了人世间……"

郑伟山和蔡维名在一旁解释道："我们今天让谷书记来，就是为了这个问题，谷书记不来我们也是要来找阿美的。阿美，你想想，现在是新社会了，那些老的东西就别管它了……"

阿美把目光转到自己的养父养母身上，而后离去："阿爸，我去买点东西。"

"阿香嫂。"郑伟山开始做工作了，"你想，这政府把地分给你们了，你们靠谁来种？没有种，你们今年靠什么生活？靠连春伯一个人，那怎么行？

政府把地分给你们，想让你们过上好日子，你们自己的力量是不够的，你的两个男孩子还这么小……”

蔡维名悄悄地贴着谢连春的耳根低声地说着：“谷书记都经常和大家下地干活呢。”

谢连春说了一句话：“谷书记，他是共产党啊。”

“共产党怎么啦？”

“那不一样，共产党有神力，那么多的国民党，那么好的枪炮见到他都吓跑啦，你知道吗？”

谷文昌在一旁听着，乐了。大家都笑了。

“那你就跟着我吧！我下地，你家的闺女也下地，我会保佑你家闺女的。”谷文昌接过谢连春的话，“我让你家过上好日子，到时，你过上好日子，别忘了共产党噢！”

林周发诚恳地告诉谢连春：“我们是看你家的阿美表现得好，才选她来带动妇女的。”

“如果真过上好日子，让我们老百姓有吃有穿，那我就要给共产党烧炷高香了。”谢连春笑着说，“共产党让我每年都过上有吃有穿的日子，我谢连春就每年都在正月给共产党烧三炷高香。”

“那好，就这么说定了，今天啦，我们就在你家吃饭了。”谷文昌说完就往外走，因为还有一件重要的事要办。他刚刚迈出门，遇到谢阿美从外面回来，谷文昌一看谢阿美手里的袋子里装的是大米，心里一阵不悦：“阿美同志，你去买米啦？”

阿美不回答，一个箭步就往门里闯。谷文昌回过头对身边工作组的郑伟山说：“小郑，你去跟谢连春说，如果我们在他家吃的是大米饭，那我们就不来了，如果是吃地瓜稀粥，那我们办完事就来，下午，我跟阿美下地……”他交代完，又对谢阿溪说道：“你这农会主席，下午，你帮我做一件事，让村里妇女积极分子都到阿美的地里去，我们来一场发动妇女参加农业劳动的竞赛，让妇女们鼓起勇气下田，先用你家分的那头牛。谢阿溪，你的任务非常重，你一定要把妇女带起来，要教她们农业技术，发挥她们的作用，要不，你们铜钵村的问题就大了。”

“书记，你交给的任务，我会尽力去完成……”

△ 60年代初，谷文昌在东山坑北村播种

“妇女的作用非常大，你们不要小看她们，要把她们从封建思想中真正解放出来，要让她们成为我们新中国建设的一支队伍。”谷文昌再次强调了一句。

谷文昌急于办理的另一件事，是找人谈话。据情报，铜钵村一个中农在给溃逃到东山岛外一个小岛上的国民党军运输食品，从中谋取些利益。这是通敌罪，原本要就地正法的，但因为这个人是中农，谷文昌想把这个人教育过来，他要和这个人直接交谈，想让这个人改过自新。

这次的谈话，是在紧张的气氛中进行的。

“你想和新政府为敌？”谷文昌指出严重性与危险性。

“我只想挣点钱。”

“你拿自己的前途做赌注，是谁让你这么做的？”

“没有，就为了钱。”

“你跟他们怎么联系上的？”

“一次出海时遇到的，他们（国民党）让我给他们送吃的，他们给我很多的钱……”

“你现在还想做吗？

“不想了。”

“我现在告诉你，你必须老老实实地在村里劳动，如果我们还发现你给他们（国民党）送吃的，那我们就把你交给公安局，把你关到监狱里去，那时候，你的命就保不了了。”谷文昌一直把教育作为前提，他不想让一个在旧社会受过苦的农民因为一时不慎而失足，酿成千古恨。

在对另一户人家的访问中，谷文昌和林周发都发现，这户人家对他们的到来并不高兴，似乎有某些疑虑，脸上的笑容并不由衷。谷文昌依然像以往那样亲切地问长问短：“大嫂，快过年啦，有困难吗？”

“没、没、没，我们哪敢对政府说有什么困难啊……”

“家里还缺什么，我们可以想办法帮助你们解决的。”谷文昌说。

“谢谢政府的关心……”

“大嫂，我们做得很不够，我们是专门来给你们解决生活困难的，今天，我代表政府给你送点过年的东西，表示一点我们的心意……”谷文昌说完这番话，心里一直在思考着：我们把工作做到群众家里了，为什么有些群众对我们还不贴心呢？我们要和隐藏的敌人争夺阵地。

“这也是一场战斗。”林周发说，“我相信，我们会赢得胜利的。”

谷文昌送给群众的东西，哪怕是一点点儿的东西，都体现了他发自内心的对群众的关爱。谷文昌走后，在他身后留下不少的美谈。

“这个姓谷的外来人，人真好啊！”

“是个好人。”

“好人当官，老百姓的日子就好过了，这个社会就好了。”

“国家就有希望了。”

在这一年多的时间里，谷文昌已经与东山县人民结下了深厚的友情，他已经把整个的东山岛装在自己的心里。

1951 年初春，阳光落在铜钵村流淌着悲伤的田野上。谷文昌和谢阿美，还有谢阿溪，驻队的干部郑伟山、蔡维名都在谢阿美家的地里，谷文昌和谢阿溪手把手地教着谢阿美耕地，谢连春的妻子黄阿香和几个小脚女人站在远处，望着自家的女儿，吆喝着耕牛，扬起鞭子，慢慢地划开一道道黄黑色的土地。田头上站着几个妇女，她们腼腆地看着谢阿美从不会到有些领悟，她们笑了，人们第一次听到铜钵村妇女的笑声，她们笑得和阳光一样灿烂。

谢连春也笑了，尽管他满脸的皱纹。谷文昌和在场的干部也跟着大家笑了。谢阿美笑得最美，她不会想到自己开创了东山岛上的先例，第一个为东山县的妇女树立了自强不息的形象。

笑容很快就从谷文昌的脸上消失，他要面对的不只是一个问题，他要面对的是许多个问题，他要把铜钵村以及整个东山县被抓壮丁家属的问题彻底地解决。他向县委领导提出这个问题的解决方法，要让这些受国民党之害的家属能得到公平的政治待遇。

这些问题不只是谷文昌在思考，所有的中国共产党东山县委的领导都在思考着。大家都意识到应该把这个问题解决，否则东山县的“敌伪家属”就太多了，它将影响整个东山岛人民群众的感情，影响到这个新的政府能否赢得民心。

与谷文昌同时走进老百姓家的，还有另一种人。那就是一些潜伏下来，还未被发现的敌对势力的代表以及国民党派遣来的特务，他们装扮成老百姓，通过东山岛特殊的社会关系把国民党反动派真实的面目伪装起来，假扮善心，四处造谣：“共产党的日子不长了，蒋介石的军队很快就要反攻大陆，你们的丈夫和儿子马上就要回家了，只要他们跟国军一条心，那他们回来就会有县长、乡长的官当了，到时候，你们的日子要比现在好过。”

“你们千万不要听共产党的，他们会把你们定成反革命家庭的，你们要和我们联手起来，把共产党赶出东山岛……”

在这些潜伏敌人蠢蠢欲动时，盘踞在台湾、金门岛上的国民党蒋军正加紧演练，企图趁大陆共产党还处在抗美援朝的时候，对大陆进行武装反攻，梦想重新收复失地。他们已经把目标集中在东山岛。

蒋介石把收复失地的目标放在东山岛自然有他的道理，因为，在蒋匪军看来，他们刚刚离开东山岛，从地理位置上看，东山岛是他们最容易靠近的一个岛屿。从潜伏在东山岛的特务为他们提供的情报看，人民解放军在东山岛上的兵力不过是一个守备团，而且这个东山岛与外界的通道被一个海峡隔离了，只要趁其不备，切断八尺门海峡，解放军就处于孤立状态。另外，潜伏下来的特务已经勾结当地他们的人，准备里应外合。只要拿下并守住东山岛，他们就有可能向内地进行反攻，重新占领福建的闽南地区。

谷文昌和随行人员离开谢阿美的家，这天下午，他又到那个农民朋友蔡海福的家。这已经是第二次到蔡海福的家，蔡海福正在自己家门口挖坑。

谷文昌问这位农民朋友："你这是在干什么啊，快过年了……"

"我想春节期间会下雨……"

"噢! 我明白了，蔡海福，你怎么想的和我一样啊! "谷文昌看到这情景，很高兴，他在一年前把这愿望说给这位农民朋友听，没想到，这位农民朋友真的根据他的想法和自己的想法进行具体的尝试。

"你这部长都想种树，我这土地上的农民还不来做，那有什么用……"蔡海福说的是农民的语言，他所说的"有什么用"不过是在鞭策自己而已。谷文昌听懂蔡海福的话意，脸上立刻现出微笑。

"你要把种树的情况随时告诉我。"谷文昌说完种树的事，心里还是有些忧虑。蔡海福看出他有心事："谷部长，你在想什么？"

"我在想，我要做什么，我们要把东山县建设成什么样的县，让老百姓过上好日子。"

"是因为最近听到些什么？"

"你知道啦？"

"我能不知道吗，群众都和我说了。国民党想回来，做梦去吧! 你放心……"没等蔡海福说完，谷文昌就接过他的话："这倒没什么害怕的，国民党在中国大陆已经失去民心，他们把东山县的老百姓害苦了，东山县的老百姓不会相信他们那套的，问题是我们共产党人要做什么才能让一些群众不再害怕国民党……"

“谷部长啊！你这好人，你就放心吧，我们会跟着共产党的，我们大家心里都很明白，没有共产党，就没有今天的东山。你看喔，我们村吧，几十户人家，过去地主恶霸把他们都害苦了，连饭都吃不上，就连大米是什么样的，有的孩子根本就没看到过，你看现在，政府给分了大米，不管怎么说，看到了大米的孩子，吃上大米的孩子，他们能跟着蒋介石跑吗？不会的，他们恨死蒋介石这帮人……”

“海福啊，你说的都对，我在想，怎么能让他们吃饱大米饭，一辈子也不会挨饿，几代人都过上吃饱穿暖的日子……”

“你们这些共产党人真是好人啦！”

“这是我们共产党人的责任啊！”

“如果，国民党真的来了，你们会……”

“我们会向政府要枪的，我们……”

这一次谈话，谈的是许多许多关于未来东山县的理想。谷文昌是不太会把理想说给人听的，但他面对蔡海福这位农民朋友却畅所欲言，他和蔡海福一起吃地瓜稀饭，和蔡海福一起睡在破旧的土屋里，就在1951年的春节。

他们俩边说边思考，蔡海福的妻子和女儿从未见到这样大的官和蔡海福如此情真意切地交谈过，她们也从未见过蔡海福如此高兴过。她们从蔡海福和谷文昌的交谈中，感受到新生活的气息在渐渐地向他们走来。

谷文昌在和蔡海福交谈中，把村级党组织建设的事交给了蔡海福：“海福啊！我想在各村成立党支部，你看怎样？”

“你想让我参加共产党？”

“是啊。”

“哎呀！我可不行，我是个土农民啊！”

“你怎么啦？共产党是人民的党，是为人民谋利益的党。”

“我知道呢。我觉得我不够格，我这样的人怎么能加入共产党呢，共产党里都是很优秀的人，我怎么有资格……”

“我没有说，你现在就可以加入共产党，共产党人是非常严格要求自己的，哪怕是说的每句话，做的每件事，都要根据党的要求做。”说着，谷文昌从自己的包里拿出一个红色的小本子，翻开读给蔡海福听：“这是对每一个共产党员的要求。你看,这本是党章。什么是党章？党章就是党的纲领，党的章程。我读给你听：共产党员，必须随时随地听从党的召唤，为无产阶级革命事业献身，必须带领广大人民群众……必须保守党的秘密……”

蔡海福很兴奋:“原来是这样的啊，难怪你们都是我们穷人盼望的好人，你们真心地为我们好，我们过去信的都是关羽神，现在我明白了，我愿意信共产主义，信共产党……”

“光信还不够，要按照党章上说的去做，还要接受党组织的长期考验才能成为共产党员，一旦入了党，你就要随时随地准备把自己的生命献给党的事业，要不怕牺牲……”谷文昌进一步地把党的要求告诉给这位农民朋友。

这一夜，东山岛上的人已经进入梦乡，伴着海浪声，期待着来日。人们不会想到，在一个农民的家里，有这么两个人在为东山岛设计着未来。

这是使命，在谷文昌的工作中，他把建立村级党组织摆在自己工作的前列，在他实践党的理论与政策时，他认为，要巩固共产党在东山县的领导地位，必须尽快地建立党的基层组织，在党和群众中尽快地架一座桥梁。特别是在东山县，人们还未从国民党统治时期的畏惧中摆脱出来。

就在这年的 9 月,东山岛上的三个村——处于战略要地八尺门的后林村,身受国民党欺辱的康美村,位于东山县中心地带的宅山村相继成立了党支部。共产党在东山岛的第一批最基层的组织成立，对贯彻和执行上级组织的政策和精神起着关键的作用。尤其在 1951 年的东山岛，这些基层党组织发挥了不可估量的作用。

谷文昌的这个春节就这样过去了。

成立合作社

1952年5月，中共龙溪地委任命张治宏为东山县委书记，同年12月，任命谷文昌为东山县委副书记、东山县县长。

谷文昌担任县长后召开了一次会议，会议上他没有把自己抓的康美村互助组的情况介绍给大家，而是认真地听取宣传部长王虎关于山后村互助组的情况，听后，他建议大家都到山后村去学习。会上，不少人提出要把康美村的互助组作为全县的典型，谷文昌不同意，他认为，王虎的工作比自己做得好，他说："不要认为我是县长，县长所做的工作一定就比别人做得好。县长也要向别人学习。"

因此他要了解和学习山后村的经验，他到山后村，为了尽快在山后村创建东山县第一个由两个互助组组成的合作社，以便向全县推广。

山后村。当时还在县委组织部工作，并定点在村里的林周发正和朱喜成交谈。林周发奉当时区委书记王虎之命在这里搞重点工作，这重点工作就是在山后村把朱喜成的互助组与朱串毛的互助组合并为合作社。这就是当时国务院副总理邓子恢倡导的农村工作核心。

朱喜成，祖籍广东，日军入侵时逃难到东山岛，被朱家收为上门女婿，此时正值壮年，满脑子想改变生活的窘境，他紧紧地抓住互助组的机会，把几家人组织起来，组成第一个互助组，他们把政府分给他们的土地和耕牛按工分制进行合理计算，再加上几家人的劳动力，就这一个季节后，他这个互助组，几户人家每户就分了上千斤的谷子。朱串毛这个组，连续两个农季都大丰收，其中有一户农民已经开始为自己盖房子，有的在自己的旧房子上进行修建，让祖房有个新的面貌。这对于农民意味着真正的翻身，真正意义上的解放，也意味着不再为没有吃没有穿而苦熬日子。从1950年到1952年，共产党让贫苦的农民从经济上得到翻身和解放。当农民有不少剩余的粮食后，政府允许他们把这些剩余的部分出售，增加额外的收入。

冬耕的热潮在东山县掀起。山后自然村和宅山村的田野上随处可见繁忙的翻耕景象。林周发卷着裤管在地里帮着朱喜成整田埂。他边整着，边问朱喜成："你看，这合作社的事……"

"别问我了，林干事，你说怎么办就怎么办，我相信你们。"

"我要把道理给你讲明白，互助组是好，但毕竟不如合作社，合作社人多吧……"

"我知道，人多力量大吧。"

"我和朱串毛说了，你们两个互助组合成一个农业初级社，你们什么时候一起谈谈吧。"林周发生怕朱喜成有所顾虑，他要把工作做到群众的心里，要把党的政策的好处说给老百姓听，要在群众自愿的基础上，让群众自己来组成合作社。这样才能真正调动农民生产的积极性。林周发没想到，农民通过互助组的形式已经尝到甜头，这合作社的形式，朱喜成已经明白了，他觉得这比互助组更好，用不着什么时候谈："林干事，现在就可以谈，只要朱串毛同意，那我朱喜成还有什么不同意？"

在来山后村之前，谷文昌和康美村的林守道、林丁仓两个互助组的组长交谈过。林守道急于求成："谷县长，我们实际上可以进入合作社了。"

"你们先别这么急，我对你们还是了解的。"谷文昌非常了解康美村的情况，因为他到东山岛后一直在这里工作，哪户人家有多少个劳动力，哪户人家的牛是在土改时由他手上分给的，哪户人家的农具是他亲手交给的他都明白，他对林守道这个互助组还需要做哪些工作心中非常清楚："你们啦，还是虚心点，多向人家学习。你们这个组，明摆着少了农具，就一把子的

△ 邓子恢

犁，要完成十几二十亩的地……你们要学会分析自己的情况，合作社是必然的，如何走这条路，那要根据自己的情况来定，你们先把互助组完善了，那合作社不就快了嘛。”谷文昌看着林守道那不服气的神情，接着说：“你们能看到自己的缺点吗？当然我不是批评你们，而是在鼓励你们，希望你们尽快地走向合作社这条路。”

谷文昌是个冷静的实事求是的人，他不会因为功名而忘乎所以，一味地追求成就，而且他对人也做了细致的分析，他不喜欢林守道这样急于求成的人，尽管林守道在一年中的工作很有成效，在互助组的实践中，他带了好头，工作很出色，也入了党，当上了支部书记，就为了这些，谷文昌对他的要求更加严格。但在后来的日子里，林守道因为经济问题受到处理。

王虎没有特意安排什么领导视察场面，他就蹲在朱喜成的地里，远远地看到谷文昌从自行车的后座上下来。他熟悉谷文昌的样子，他站起来，向谷文昌走去。谷文昌朝他挥挥手，示意王虎就留在原地，自己边走边看，踩着湿漉漉的田埂，那身带补丁的中山装，那双裂开小口的布鞋，还是老样子。谷文昌边走还边卷着纸烟，顺手把卷好的纸烟盒递给正在地里的朱喜成，朱喜成乐呵呵地接过纸烟盒，目不转睛地看着这个县长。

"抽吧。"谷文昌示意朱喜成，他看朱喜成拿着烟盒不敢打开，叫他把烟拿去抽。谷文昌和王虎交换了意见，谷文昌直截了当地切入主题："我听听情况。"

"朱喜成啊，你把你的想法跟县长说说。"王虎也是个坦率的人，他不想说太多，只让朱喜成自己来介绍情况。

谷文昌边听边在心里算着，一会儿，他把目光移到王虎的脸上说："你这个宣传部长，早该宣传宣传了，这么好的成果，新中国刚刚建立我们的农民就可以吃饱了，吃饱了，剩余的不就可以到市场上换钱买布做衣了嘛！"

"是的，是的，县长，我们这个组几户人家都把剩余的粮食卖了，去年的春节，我的几个孩子都穿上新衣服了。"朱喜成一听谷文昌把话说到位了，立刻接过话题。

谷文昌问朱串毛组的情况，朱串毛回答得也很简单："我们的情况和朱喜成的情况基本一样。"

接着，谷文昌把全区的情况了解了一下，来到二区的区委办公地点碰头，他让朱喜成和朱串毛一起参加，他喜欢农民的事让农民自己知道，喜欢让农民自己来决定自己的事。大家坐在一起，林周发将详细的计划向谷文昌做了全面的汇报。王虎作为区领导提出了自己对全县开展成立合作社运动的具体思路。

"王虎同志提出很好的建议，我们回到县里向张治宏书记再汇报一下，我个人的意见是先把朱喜成和朱串毛的合作社搞起来，让全县有个样板，今后可以从中总结出经验和教训，我也把这里的经验带回去，让康美村学习。但是，大家记住一点，榜样要学，重要的是要学活。"他说完这番话，回过头对朱喜成和朱串毛说："我不是说你们做得不好，而是说，你们做得很好，大家要向你们学，可是，不能学死了，要学活了，要根据自己的情况来学，对吧？”

从这段话中，可以看出谷文昌的语言并不装饰，而是简要明了。后来东山人为历任的领导编了个顺口溜：郭景周书记喜欢做诗，樊生林书记爱做对比，谷文昌书记就讲实际。各有春秋。谷文昌的讲实际，讲得辩证。他往往把问题的多方面都加以考虑。

当共产党解放东山岛的第三个春天，也就是1953年元月的时候，这个饱受苦难的海岛发生了令全县老百姓惊喜的事，第二个农业生产初级合作社在山后村成立。这个初级合作社就是由朱喜成和朱串毛两个互助组组成的。

这一天，山后村，也就是现在的宅山村，一大早就围满了人，不知是谁把这消息传遍全岛，自发参加合作社成立大会的人组成人海，一个个都听朱喜成和朱串毛关于合作社的具体操作方法。他们从朱喜成和朱串毛的互助组以及现在的初级合作社看到了什么？他们看到互助组的成果，看到互助组成员的收获，看到比互助组更快富裕起来的新的发展之路——合作社。

这一天，谷文昌来到康美村，他和驻村的干部还有林守道一起商量着康美村成立合作社的事，林守道不再像前些日子那样为晚成立合作社而焦虑，他已经能平静地面对这位县长。

谷文昌先听工作组的汇报，他把自己县长“特权”的烟分给大家。他听完汇报，立刻把自己的意见和想法说出来：“大家都知道，我们现在都在讲社会主义，我们要解决的事还很多，守道啊，我已经听了你的合作社计划，合作社不光是解决农业问题，你现在是共产党员啦，你要想远了，要想多了，我们农民一年两季种田，其他的时间他们还能干什么，还有什么能让农民挣到钱。我了解了，康美村的农民能做的事很多，打石头、盖房子、养猪放羊，你这合作社要做的事多着呢……”

林守道听着，眼睛放光了，直盯着谷文昌。在场的人也在谷文昌所描绘的未来蓝图中看到未来的新家园。大家都憋着一口气，在想象着日后的康美村，日后的东山县，日后的每个农民的日子。

谷文昌对在场的许多人说："群众的日子，要靠我们来引导，我们引导好了，群众的日子就好了，国民党想反攻大陆就是梦想，我们共产党要解放穷苦百姓，就是要让群众过好日子嘛！你们要多动脑筋，多为群众想些过好日子的办法，否则，我们解放东山县有何意义？人家要我们共产党干什么？现在，我们开始搞社会主义，社会主义是什么？就是让群众吃好穿好……"

在座的人没有给这位县长以热烈的掌声，只是沉默，只有思考。

谷文昌的话切合实际，说到了大家的心里去，他所提出的要求和群众的实际生产能力没有距离。

林守道第一个发出感叹："哇！原来真正的好日子都在我们谷县长的心里。"

谷文昌又把话题转向谢阿美："阿美，你现在耕地没问题了吧？"

谢阿美有些羞涩地点点头。

"不能就你一个啊，谢阿美，你要带领铜钵村的妇女同志一起下田种地。我把你的事跟很多的妇女同志说了，我说，你们都要向谢阿美学习，新社会了，讲的就是男女平等，什么叫平等？首先我们女同志自己要争气，男人能做的事，我们女同志也一样可以做，男同志不能小看女同志……"

创造中国政治新名词

☆☆☆☆☆

这一年的3月，月色朦胧，谷文昌心情沉重，他想一定要把那些被抓壮丁家属的问题给解决了。因为，群众的利益无非是政治利益和经济利益，这两者又密切相关，不解决还待何时？

谷文昌看到张治宏的办公室灯亮着，便来到书记张治宏的办公室，他和张治宏畅谈开了。

张治宏是山西人，他和谷文昌的革命之路有所不同，他是从学校直接参加革命的，因此，他在文化上要比谷文昌来得高些，谷文昌在革命的实践中，可能要比张治宏多走过一些路，两人在县委的工作中配合得也很默契。他们俩的这次谈话，决定了铜钵村妇女们的命运，同时也决定了许多被抓壮丁的家属们的命运。

张治宏很清楚，谷文昌提出的问题是关系到共产党在东山县的政权能否巩固的问题，如果没有认真地思考和提出解决问题的方案，那么就有可能给台湾的国民党与潜伏的敌人以可乘之机。

"张书记，你看，这些被抓去当壮丁的家属我们要怎么看待她们？"谷文昌在担任区委书记时就提到过，今天，他要专门与书记交换意见。

张治宏不假思索地说："老谷，这事你提得好，该到解决的时候了，至少说，我们能为这些家属做点什么，我们尽力做，这是全县的事，4700多人，近5000人，牵连在一起的那就不止5000人，很可能有两万人。郭丹书记离任时也和我谈过这事，所以一直没有给这些家属的政治地位定个准。”

“我是想，共产党是人民的党，我们要为群众想。我的理论水平不高，我知道，她们的男人都不是自愿的啊，是被迫的，而且，现在看，这些家属日子很苦，家里失去劳动力，失去主心骨，她们的日子已经很难了，我们如果按照敌伪家属对待她们，那她们的日子真叫作雪上加霜；如果不按现在划分阶级成分的做法，我们怎么才能向上级解释……”谷文昌把自己的想法和盘托出，“从她们的本质上看，她们应该都是我们的好百姓，不是阶级敌人，而是人民群众。”

张治宏想了想说：“老谷，我们俩先想出个名称，这名称必须符合她们的特殊情况，然后把理由说清楚，打个报告给地委，让上级来批，这事我们俩谁说了也不算，而且得拿着我们俩的乌纱帽……”

“是啊，阶级斗争，敌我阵线……”谷文昌的神色变得严峻了，“不论怎么说，我们还是要说真话，不能让老百姓再吃苦了。”

“我相信上级领导会理解的，只要我们把情况说清楚。”张治宏也下决心。

“敌伪，兵……兵……”谷文昌在想着怎么为这几千户孤儿寡母的政治待遇定个名称。

“兵灾，怎么样？”张治宏突然间来了灵感，“你听，兵，是改不了的，她们的丈夫和儿子是兵，对吧，那灾字……”

“太好了！太准确了！她们是‘兵灾’家属，是受灾户，受国民党兵的灾害。”性格内向的谷文昌第一次激动地站起来。

春天的东山岛，在上世纪50年代初期的东山岛，没

△ 谷文昌工作在旷野上

有人知道，在这个寂静的海岛上，古老的土房子里，还有这两个人彻夜不眠，凭着对党和人民的无限热爱，创造性地解决了一个棘手的政治历史难题。

翌日，谷文昌在县委会上把“壮丁”家属的问题提了出来。他的话分量很重：“共产党人要敢于面对实际，对人民负责！”他和张治宏的意见得到了大家的支持。最后以中共东山县委、县人民政府的名义行文上报给中共龙溪地委，中共龙溪地委将此报告转呈给福建省委以及有关部门。

于是有了中国政治新创造的特有的名词：兵灾家属。

于是东山县的受害家属有了一个公平和公正的政治待遇，于是有了他们平安祥和的日子。这对后来在东山县所发生的，惊动世界的事件产生了积极的作用与影响。

这些共产党人在东山岛把人民的利益放在至高无上的地位，因此，共产党人在东山县拥有广大的群众基础。人民拥护共产党，人民心甘情愿地跟着共产党。这印证了中国的那句老话：得民心者得天下。

由“敌伪家属”改为“兵灾家属”，是以实事求是的科学态度解决社会矛盾，来客观地看待事物，体现了谷文昌这一代共产党人的胆识和政治智慧。这个执政党具有很强的执政能力。

排除万难

共渡难关

县长县长，一县之长。谷文昌这个县长要面对许许多多的事，县广播站什么时候能建成，这事他一直挂在心里。入岛这么多年来，他想把党的方针政策及时地传达到群众中去，可就是没有一个直接的渠道，都要通过乡镇干部和县工作组的同志到每个村去召开群众大会，他在几次县委工作会上都强调“要让东山县村村通广播”。他把这事记在本子里，准备抓紧落实。再则就是电厂进展得怎么样，电对这个东山县来说太重要了，没有电怎么发展，群众的生活怎么能过好，碾米还用石碾，共产主义什么时候能实现，老百姓常常这么问他：“谷县长，共产主义什么时候来我们东山县啊？”

“共产主义在我们自己的手里，靠我们大家努力就能实现。”这是谷文昌用来回答农民朋友的老话，因为共产主义什么时候到，他的确说不明白，但他坚信一点，共产主义在大家共同的努力下可以实现。

说到电厂，谷文昌也真费了一番的苦心。他要找上级有关部门的领导述说东山县的困难情况，要求他们支持东山县的发展，强调了东山县是个战备县，要优先考虑给东山县建火电厂：“你们要确保我们东山县的电，你想，没准什么时候国民党又来了，我们有电就能把整个的海岸照得通亮，我看国民党就是来了，也不敢上岸。再说吧，东山县的老百姓现在还点着油灯，还用马灯，晚上行路还点着火把，东山县本来就缺柴，点个火把都是浪费……”

“你这个县长，我拿你没办法。给你，其他的县也很迫切，大家都困难，比如平和县、南靖县、华安县……”

“总是有更急需的吧，我们东山县就更急需，他们不打仗啊！”谷文昌强调了东山县的特殊情况。

计划经济的模式，给了项目就有了钱，有了钱谷文昌就想让老百姓早日用上电，有了电，县里的工业就有了希望。因此，他特别的急，想越快建起电厂越好，他肚子里有一盘子发展东山经济的计划，比如广播站就需要电，渔业生产中许多地方要用到电，今后要建礼堂、电影院等都少不了电。想到这些，谷文昌又回到眼前的情况，眼前要解决的事太多，但他给自己制定一条，群众的生活是头等大事。他准备第二天先去几个最贫穷的乡村，了解农户生活的具体情况，下午和廖进彩一道去铜钵村，最后有时间，再到西埔去了解县委县政府机关迁址西埔的情况，以及看看电厂的工地。

深秋，东山岛就几乎看不到绿色，能够点缀这东南沿海岛屿的不过是先人留在关帝庙前的那几株古老的榕树。

战斗结束了，人们的心情非常愉快，到处都传诵着英雄们的故事。谷文昌借此机会，到各乡镇发动群众抓好生产，号召向英雄们学习，用保卫东山的精神来促进生产。他到的第一个工作点是全县最艰苦的山口村。

谷文昌带着警卫员陈掌国、县委办廖进彩，路走得艰难，沙丘一个连一个，自行车成了负担，陈掌国个头矮小，两个车轮在沙地里转不动，两眼又睁不开，三人凭着直觉往前走。走着走着，陈掌国把大家带入一个大沙丘，看不到村庄。谷文昌连续登了好几个沙丘，才看到一个屋顶，他向身后的陈掌国和廖进彩挥手，示意方向，自己便朝着屋顶的方向走去。他在离开之前，四处看了看，想找个东西做路标，就是找不到，除了沙，还是沙。

陈掌国扛起车，一步步地向谷文昌留下的脚印走去。廖进彩给陈掌国留了一句话，说自己先走了，让陈掌国别急，反正也用不着那车。廖进彩知道谷文昌的身体，他听到谷文昌咳嗽声已经一周时间了。昨晚的会上，谷文昌一直在咳，咳到后来甚至连说话都困难。按照廖进彩的想法，今天下乡，谷文昌可以不来，走前，史英萍还给他交代了，希望他和陈掌国能照顾好谷文昌。

廖进彩赶上谷文昌的时候，谷文昌正坐在进村庄的路口，喘着气。

“你不能迎着风走。”谷文昌对快步赶来的廖进彩说，“这会引起呼吸道毛病。”

廖进彩为了赶上谷文昌，急速地迎风而行，到了谷文昌的跟前，立刻感到胸闷，两眼酸疼，进沙了。廖进彩心里难过，他理解谷文昌为什么一定要来这里，为什么要看到这里农民的生活。

但山口一带的农民究竟生活在什么样的环境里，廖进彩并不真正了解，这一点，他从心里敬佩谷文昌。

谷文昌和廖进彩进村子并没有人发现他们，而他们发现了几个孩子红着眼在玩沙，不远处一个衣衫褴褛的妇女正用锄头扒去家门口的沙。一头耕牛慢悠悠地向村子走来，只见玩沙的孩子们向耕牛跑去，有的顺手拿起簸箕，有的脱下身上单薄的破衣，有的空手拥向牛屁股。

谷文昌和廖进彩注视着这一场面，他们看着孩子们相互拥挤着，甚至推搡着，喊骂着。

耕牛依然迈着它慢悠悠的步伐。耕牛的后面跟着的依然是那些衣难遮体的孩子。耕牛在村子的路上转悠了一阵，孩子们便跟着耕牛转悠一阵。

突然，孩子的喊骂声急剧，推推搡搡起来。谷文昌和廖进彩紧跟着孩子们，他们看到一个黑块从眼前飞过，“啪”的一声落在矮矮的墙上，接着看到的是，耕牛的屁股后面竟是孩子们的手和簸箕，有的甚至把身上的破衣裳脱下当布袋，耕牛每拉出一泡屎，孩子们就争执一阵，为了这牛粪。谷文昌回过头，看着刚才从自己眼前飞过落在路边墙上的那团黑色的东西，原来那黑色块是石头，击中了墙上的一团牛粪，这也是孩子争夺牛粪的高招，谁先发现谁飞石击中的就谁得，以免为“所有权”发生争议。

这场争执在耕牛粪便排完即结束，争到牛粪的孩子在点着自己的成果，那些没有争到的孩子在一旁不停地指责着。

紧接着是，孩子之间发生厮打，为的还是这牛粪的事。这一场面让这两个东山县的领导心灵震撼，让他们为之难过和心酸。廖进彩咬着牙，咽下将要流出的泪，他不敢看谷文昌那张惨白的脸，他知道谷文昌此时的心情十分难过。

谷文昌和廖进彩不得不充当劝架的角色，把厮打中的孩子拉开。这些让远远地看着的那位妇女明白了，这两个人是领导，是官。她马上走过来，帮着谷文昌和廖进彩拉开厮打在一起的孩子，用本地话说："你们没看到吗，他们是干部。"

孩子们愣愣地看着谷文昌和廖进彩，松开了手。

谷文昌和廖进彩明白了，这些孩子争牛粪是为了家里能有个烧饭的燃料，否则，他们回到家就有可能吃不到饭，或者说，吃不到煮熟的地瓜饭。

"你们的书记，那个陈加福在哪儿？"谷文昌问这位妇女。谷文昌对陈加福还是了解的，一般情况下陈加福不会在家里待着，他是个闲不住的人。

"在万岱家。"说着，这位妇女领着谷文昌和廖进彩向几乎只露出屋顶的房子走去。

还没到陈万岱的家，就听见陈加福的声音："这样不行，你还是天一亮就要把沙清了，要不，你今天一整天，门口都堆着沙，假如起风，你家的门就被堵着，那怎么过呀？"

"陈加福。"谷文昌喊了一声。陈加福惊喜地望着谷文昌和廖进彩，眼里涌出泪水，他用裂开大口的衣襟抹去泪水，可那涌出的泪水止不住地往外流。谷文昌紧紧抓住陈加福的手说："别难过，大家团结起来，困难会克服的，你有什么困难就说吧，我们会帮助你解决的。"

"不是我有困难，是大家都有困难啊！"

"相信共产党，共产党决不会让老百姓过这样的日子。"谷文昌把"共产党"三个字说得很响亮。

"你眼睛红了。"廖进彩看着陈加福。

"我们村的人90%都是眼红病，大概是风沙吹的……"陈加福解释道。

"我们要求县医院的人明天就来，给大家看看是什么原因。"

"你看！"陈加福把这房子的主人陈万岱拉到谷文昌和廖进彩的身边，指着陈万岱的眼睛说："看吧，都这样呢。"

陈万岱说："像我这样的村子里还多着呢，瞎子就好多个。"

谷文昌边听着边不停地咳，他想憋，但憋不住。陈加福从陈万岱的屋里拿出一碗水递给谷文昌，谷文昌一大口就把这碗水给灌到肚子里，然后不停地喘着气。

陈万岱把谷文昌等人请到自己的家里，让他们躲开风沙。

坐在陈万岱的屋里，谷文昌和廖进彩环视了这个简陋的家，用手轻轻地摸了摸床，再看看昏暗的厨房，这维系生活的两个地方都没有一丝丝的暖意。谷文昌站在炉灶旁，从口袋里取出纸烟，慢慢地卷着，轻轻地在嘴唇边抹出一道黏液，含在嘴边上，用力划着火柴，一阵风从窗外吹来，火柴灭了。谷文昌抬头看着窗，这扇窗连个挡风的都没有，他只好侧着身，用身体挡住窗外吹进来的风。就在谷文昌站着的片刻时间里，陈万岱家里的炉灶的灶面上又多了一层沙子。

陈万岱觉得不好意思，立刻拿出一块又黑又脏又破的布，想钉在窗上，站在一旁的谷文昌说了声："挡不住的，还是想想其他的办法吧。"

于是他让陈加福找来一些硬的纸皮，自己动手把被风吹坏的窗户修好，再把硬纸皮给钉上。他边钉着边不停地咳嗽。大家怎么劝也劝不了他。

廖进彩和陈加福看着谷文昌熟练的动作，觉得这个县长哪像个县长，简直是一个技术熟练的木匠。

陈万岱目瞪口呆地看着谷文昌把他家的两扇窗全部钉好。

大家怎么也不相信谷文昌会有一手好木匠手艺。谷文昌自己也不相信时隔这么多年了，自己的手艺还如此娴熟。

钉好两扇窗，陈万岱的屋里显得暖和多了。陈加福把村里的干部全叫到陈万岱的家来。谷文昌开头就是一句："山口村有多少户人家揭不开锅？"

沉默。没人说话。

"先说说，你们村干部家里的情况吧。"谷文昌见大家都不说话，心里明白了。

"我们大家都差不多。"陈加福停了停，叹口气，咬咬牙说，"县长，不瞒你说吧，刚才大家都在沙地里找吃的，找烧的……"

"春节快到了，要想办法让群众有吃的有穿的。"他看着廖进彩说："让县里拨出些资金来，发给群众，先解决群众的困难，县里再困难也抵不过群众的困难。共产党的责任就是为群众解决困难的，谁要想说什么，我们就让他离开他的工作岗位。"

廖进彩表示同意谷文昌的建议，他给谷文昌提出一个应急的办法："发动机关的同志，给山口村和湖塘村的困难群众捐款捐物。"

谷文昌立刻赞同，当即表示自己除捐钱外还要将家里的衣服捐献出来。

大家谈了很多的事。谷文昌把种树的想法说了出来，说得在场的人像听神话故事一般，既好听又虚幻，一个个不相信地看着谷文昌。

陈加福是个直性子的人，他笑着问谷文昌："县长啊，您是不是咳嗽发烧啦？"

“你个陈加福，你不相信我。”

“不是的。”陈加福不敢说下去，另一个村干部回了谷文昌一句，“沙地上能种树，那人早就在天上飞了。”

“这分明是大白天说梦话吧！”

“那么，你们也提出个出路。”谷文昌启发并期待地，“你们难道想就这么穷下去？！”

“这里根本就不是人住的地方！”终于有人提出一个悲观的结论。

“那你们打算去哪儿？”

“要饭。”

谷文昌的反应是用颤抖的手从口袋里取出他那个卷烟盒，卷上烟点燃后边抽边不停地咳着。

“我们是东山县出了名的要饭村。”说这话时，陈加福的声音非常低沉。

“共产党不会让你们过着要饭的日子的。我谷文昌也不会让你们当乞丐。你们这么困难，那这困难就是我们共产党人的困难。”谷文昌说完这话，咳了几声，停了许久，喘着气说：“我一定要把树种给你们看，不种树，我们永远都是穷的。”

这个会开了很久，一直到午饭时间。谷文昌让陈掌国拿出几块冰冷的馒头，谷文昌从陈掌国的手里接过馒头，分给陈万岱的孩子，自己就着一碗冷水。

廖进彩也和谷文昌一样，拿出自己随身带的冷馒头吃着。

这就是谷文昌和廖进彩这一代人的作风。

离开陈万岱的家，谷文昌又走了几户人家，看望了村里的农民朋友，在与村干部分手时，谷文昌语重心长地对陈加福说：“我们都是共产党人，老百姓的苦就是我们的苦,你要及时向我们反映情况。老百姓是什么样的生活，你就如实地告诉我，不管是什么时间，你记住了，不管在什么时候，我都会来的。”

这天下午，谷文昌和廖进彩离开山口村，又从岛的南面赶到北面的铜钵村。

铜钵村，这著名的寡妇村，在这场战斗中，寡妇村的妇女们表现得非常英勇，她们把家破人亡的仇恨化为舍身救援伤员的力量，她们敢于冲向战斗的第一线，和战士们一道打击来犯的敌人。现在战斗结束了，她们的生活依然成为谷文昌关心的事。

谷文昌坐在警卫员陈掌国的自行车后架上，一路颠着，办公室主任廖进彩则骑着另一辆自行车跟在谷文昌后面。在骑车路过不久前的战场去铜钵村的途中，陈掌国蹬着车在沙坡小路上跑，一会儿是上坡，一会儿是下坡，生怕把谷文昌给颠到路坎下，心里越怕就越容易出事，结果车一打滑，谷文昌没有思想准备，一下子从车上摔下去。廖进彩跟在后面正与谷文昌交谈着，对“车祸”看得清楚，他提醒谷文昌：“今后下乡，走这样的路，你就雇辆车吧。”

“别雇车啦，省个3角钱，这3角钱可以买9个鸡蛋呢，老百姓可以三天有饭吃，还是用自己的车好……”谷文昌从地上爬起来，抖抖身上的土，对陈掌国说：“掌国，你把我摔到一个好地方，以后你要摔我，请你换个地方摔吧。”说着站起身来，陈掌国和廖进彩一看笑了，谷文昌的屁股正好落在一块突起的石头上。

“走吧，趁天还没黑，我们看看群众……”说着大家重新上路。

他们眼前出现了村庄。这些刚刚散去硝烟的村庄，一片苍凉，不仅没有绿色，就连播下的种子也被践踏得惨不忍睹，稻田里一片狼藉。农民正抢着秋天的季节种下一些岛屿上可以种的蔬菜。

这是谷文昌提出的建议：“要让群众尽快解决眼前的生活问题，要种菜，建议农民在自己家的门前和后院种点蔬菜，以补给日常的生活所需。”他自己也在县工委的大院里种了点蔬菜以示种菜的重要性。

谷文昌看到农民开始着手种菜，对廖进彩说："赶快把战后的事解决了，让群众过上安乐的日子。我们共产党人一直想让群众过上好日子，让东山岛多点绿色。可国民党就是不让，他们想打仗，想逼我们把精力放在防卫上，你看我们还有什么办法能尽快解决贫困问题？"

"你不是一直想种树嘛，真正要解决东山岛的问题，就是要把你的想法实现了，那东山岛的事就好办了，至于国民党想打仗，我看没那么容易。你想，这一仗够他们喘好几年的气了，我们就跟他们抢时间，抓好生产建设，我们强大了，我看他们也不敢再打，再打，我们就更有能力陪他们打嘛，你说对吗？"廖进彩说着把车停靠在一户农民家门前。

这就是铜钵村的那个农家，这家人靠的是一个媳妇的劳动养活两个老人和四个孩子。廖进彩曾经来过她家，知道这户人家的艰辛，因此只要他路过，就要来看望这家人。

这户农家的门没有了，谷文昌心里觉得很难过，他和廖进彩两人站在门外，望着冷清的屋子。东山战斗给铜钵村的老百姓留下的就是这些景象，她们为了支援战斗，将自己家的门全给拆下来，用于战斗中的防御与救护。战斗结束了，群众家却没有门抵挡狂风，而这个福建省女人最多的一个村庄，该如何度过这个冬天啊？

谷文昌跟着廖进彩进了门，让谷文昌的心再次颤动的是这户人家的孩子，围坐在炉膛前，争抢着两碗粥。谷文昌和廖进彩的眼里止不住涌出泪水，但很快就咽下。

"你家，一天吃几餐饭？"谷文昌问背靠着炉灶的男孩。

男孩伸出一个手指头。谷文昌心里又一阵凉。眼前这个农家，没有男人，而且在战斗前没来得及把仅有的一点粮食带走，战斗结束后就再也找不到可以吃的东西。她没有向政府提出任何要求，一家人忍受着战后的饥饿。

"很快就会好起来的。"这是谷文昌对农户说的第一句话，"像你们这样的人还不少，政府会帮助你们解决的。"谷文昌说到这儿，没有往下说，再往下说，那就是眼前的这家人，这餐晚饭该怎么办。他转过身想对廖进彩说，让县粮食部门的同志尽快把国家补给的粮食发放到困难户的家中，可说话间廖进彩不见了。

廖进彩是个很有办法的人，他悄悄地离开这户农家，把村干部找来，他们三人面对这户农家，商量着怎么把全村的贫困户在战斗之后的生活困难问题解决。

“你们先让人来把门给装上。”谷文昌把门的问题提到眼前，村干部解释道：“战斗结束后，大家都去认领门，可有的家，认不到了……”

“不行，认不到的人家，村里想办法先给解决了，如果村里解决不了，乡里解决，先把乡政府的门给群众用，再不够，你告诉我，我把县里的门给拆下来！”

谷文昌指着孩子问：“有多少户还像这样在最困难的情况下生活着，需要县里给多少的补助？现在，你们村干部要想办法在国家补给粮还没到之前先帮助他们渡过难关。让大家互相帮助，让条件好的帮助条件差的，我们不能让老百姓过这样的日子。”谷文昌没有太多的大话，只是在走之前告慰那老人：“我们做得不好，您就多原谅我们。不过，您要相信我们政府……”

老人和那个朴实的妇女没有说话，只是恭敬地点着头，感激地目送着谷文昌和廖进彩离开。

一个政权的巩固就是这么的艰难。先烈们用生命换来的新中国，并不是立刻进入天堂，人们还需要用自己的生命和信念来巩固革命胜利后的成果。

谷文昌和廖进彩离开铜钵村，离开那些贫困中的农户，留在他们脑海里的是农民自救自强的精神。贫困让人自强，贫困也会把人带入与之相反的境界。在谷文昌和廖进彩所走过的村庄中，没有看到被贫困夺走意志的农民。这既让这两个革命者感到欣慰，又让他俩感到羞愧，他们是这个岛县的官，是老百姓的希望，但现在他俩却只能眼睁睁地看着农民在贫困中挣扎。

战斗是战争的表现形式，总是离不开牺牲、残酷和破坏。一场仅30多个小时的战斗给这座岛上的群众带来了巨大的痛苦，使当地群众的生活雪上加霜。如果没有这场战斗，这座岛屿县应该可以进一步地发展经济，让老百姓过上安详富裕的日子，老百姓的房子不会在战火中炸毁，牲畜不会死亡，那些被收藏在他们家里的柴火就不会化为一缕乌烟，老百姓就不会让家里的炉膛灰暗和冰凉。

两个县领导回到县机关的小院子里，此时已经是晚饭时间，谷文昌坐在餐桌前，望着史英萍给他做的河南菜，一碗白菜片，一碗苦菜汤，两个窝窝头。谷文昌脸上略显出喜色，他已经很久没有吃到家乡的菜，他把铜钵村的事埋在心里，拿起筷子吃饭。

史英萍问："你怎么问也不问，这菜是从哪儿来的。"

"嗯？"谷文昌突然想起，"我就觉得这白菜……"

"王有的老婆来了，他想见你。"

"来啦……想见我？"

"住不下，想回家，王有想让你去说服她留下……"

"东山不好吗？"谷文昌没心思去考虑这事，"你去就行了，女同志之间好说话，我这男人去了能说什么？"

"人家就信你，你在林县的名气大着呢……"

"革命的人很多，有什么名气大小的事，以后别说这话了……"谷文昌说着话，投眼间看到自己的女儿和儿子，这俩孩子两双大眼直愣愣地看着他，谷文昌看懂孩子的心思，拿了块窝窝头掰成两半放在桌面上，招呼孩子过来拿，史英萍严肃地看着两个孩子暗示他们不要拿，女儿站在原地不动，儿子豫闽很快躲过母亲灼人的目光，拿了半块窝窝头就跑。

这时通讯员在喊："谷县长，有人找。"谷文昌拿起桌上半块窝窝头走到女儿的身边，塞在女儿的手中，摸摸女儿的头说："吃吧，群众家里的孩子一天还吃不上一顿饱饭呢，我们已经是很好了……"便转身出去。

出现在谷文昌眼前的是一个身材矮小的中年农民，头上还戴着草帽，草帽的帽檐已经被风撕开了，破碎的草边落在前额，半遮着脸，那脸上的皱褶子一道道地映出他的沧桑。他一看到谷文昌，脸上便浮现一丝的笑意，战战兢兢地看着，想说又不敢说。通讯员陈掌国站在他身边，低声地告诉他："你有什么事就直说。"这农民还是支支吾吾地不敢说，他似乎不相信在自己眼前出现的就是县长谷文昌，他把一种不信任的目光落在陈掌国的脸上。

"他就是县长。"陈掌国急了。谷文昌笑了："是，我就是谷文昌。"

这农民借着昏暗的灯光把谷文昌上上下下打量了一遍，说了一句令谷文昌哭笑不得的话："县长怎么穿的和我差不多？"

谷文昌笑了，他听着这位走了十几里路来找自己述说的农民的希望："谷县长，我们听说外面人都开始种那品种好的水稻，产量很高的水稻，我们希望明年能不能也拿一些来种种看，那一亩可收几百斤呢。这可是我们农民的希望啊！"

这位来自陈城的农民，姓陈，他自幼喜欢在地里耕种，善于研究地里的活，还善于接受外来的事物，他在村里，听从漳州回来的人说，外面现在已经开始播种新的品种，所以凭借着一双大脚便来到县委，不找别人，就找谷文昌。

这事，谷文昌知道。在战斗前，地区农业部门发来通知，一份通知，从地区到东山县要走好几天的路，等到县农业科的同志赶到地区，再把种子带回东山，已经误了播种的季节。这事本该让谷文昌知道，谁知这场战斗把许多事都给放在一边，到现在，人们还没来得及让谷文昌知道。谷文昌立刻让通讯员把县农业科的人找来，商量着如何在明年把这事做到村里去，让每一个农民都能在地里种下新的种子，不要让农民跑这么远的路。处理完这事，谷文昌问这位农民：“吃过饭了吗？”

“吃过了。”这农民回答得非常迅速，谷文昌让他等着，自己把还剩下的一个窝窝头拿来递给他：“这是我家乡的饭，你要吃得下，你就吃。我知道，你没有吃饭，你也舍不得花钱吃，就吃我的吧。”

这农民没有接谷文昌递给他的窝窝头，谷文昌也被他弄得不知所措，他干脆请这位农民和自己一道吃饭。

谷文昌让史英萍把饭菜重新加热，又让陈掌国去别人家要了一小碗的米饭，谷文昌把米饭摆在农民的面前，自己啃着窝窝头。谷文昌以为这位农民可以接受眼前的大米饭，自己便大口大口地啃起窝窝头，啃了半天才发现，这位农民连筷子都没碰，直视着他，便放下窝窝头不解地看着对方：“你怎么不吃呢？”

“我看着您吃，我心里高兴。”

谷文昌扑哧一声，笑了。他笑得非常欣慰。

这位中年农民拿出自己的卷烟袋，想卷烟抽，谷文昌递上自己的卷烟盒，让他自己卷，随着农民吐出的烟雾，他们俩开始交谈。

在交谈中，谷文昌了解这个村的具体情况，知道有多少农民需要粮食，他为自己制订了计划，想办法让东山群众过一个吃得饱的春节。同时他也从这位农民朋友口中知道了许多关于东山县的民间传说，这些传说和东山人民劳动生产的关系以及所形成的文化传统。

谷文昌虽然没有读过太多的书，但他却从这样一个土生土长的农民身上看到中国农民在新中国成立后的期盼心态。他看到一个农民的执着，看到农民的希望，听到生活在最底层老百姓的声音。他给自己制定出一条工作以及人生的原则：人民群众的希望就是我工作的目标。

这个夜晚和以后的无数个夜晚，东山县的群众都经常看到，县工委的这座楼的楼上有几盏灯往往要亮到深夜，甚至到黎明。张治宏和谷文昌，还有廖进彩这班子人，号称为东山县的首要人物们都为了东山县重新把生产搞上去，重新让群众的生活有所提高寻求着新的出路。县工委的会议有时在张治宏的办公室开，有时在谷文昌的办公室开，一个村的问题，一个乡镇的问题，一个手工业作坊的问题，一个盐场的问题，哪怕是一个农民的意见或是建议都在这些会议上得到解决。他们也常常有争议，有不同的意见和看法，最后的结论，都在民主的气氛中得以出台。

“我们要多听听农民的意见，农民是生产劳动的直接参与者，不听他们的意见我们的决定很容易脱离实际。”这是谷文昌在会上常常提醒大家的一句话。

“农民的建议，有什么好处呢？我可以告诉大家，他们的建议是他们在生产中想出来的，会给我们带来启发。虽然说，我们站在全县的角度看问题，我们领导的任务是要顾全局，要讲政策，但我们的政策不能脱离农民的实际，一旦脱离了实际情况，农民就会拒绝接受我们的政策，那么我们的政策还有什么意义？”

从实际出发得出的结论，要想形成决议，并非一帆风顺，往往会遇到阻力。面对群众缺粮的实际困难，要救急只有请求上级拨粮。谷文昌把这事提到常委会：

“我们要把群众缺粮的实际情况向地委和专署的领导汇报，希望……”没等谷文昌把计划说完，就有人对此提出异议：“不行，怎么能向上级伸手呢？我们东山县人民有志气，会渡过难关的。”

“这态度首先是屈服，说明害怕困难，我们要靠自己的力量来解决困难。”有人唱高调。

谷文昌很冷静，他认真地听着大家的意见。

“大家看看，还有什么办法能帮助群众渡过眼下难关，是否一定要向上级伸手？”

“谷文昌同志不是已经让农民种点蔬菜了嘛……”

“靠蔬菜是解决不了群众的困难的。”

“向上级要，能否要得到？能要多少？能解决多少人的问题？”

“我跟谷文昌同志最近做了调查，全县有16000多人生活有困难，这事不是小事。我这里都有他们的姓名和住址。”廖进彩做了补充说明。

“我这个人喜欢讲实在的话，我同意大家的意见，我也做了尝试，廖进彩同志和我都做了，靠大家来帮大家，但要知道，这个大家不是富裕的大家，是贫穷的大家，因此不可能解决这么多人的生活问题。我不知道大家是不是看过毛主席的书，毛主席说得好啊，要客观地看问题，这个客观啊，”谷文昌看了张治宏一眼接着说，“张书记的文化比我高，他不会把劳逸结合念成劳‘免’结合，这一点，我要向他学习，但在这个问题上，我想自己的想法是对的。客观就是承认现实，不要回避现实。要解决，而且要从根本上解决，这是长久的事，那么我们今天怎么办，上级组织能够帮助我们，那是我们最好的办法，我们东山县有这么多的问题，我们自己解决不了，为什么不能向上级申请，请上级来帮我们解决呢？我们讲唯物主义嘛！我们不能自己图虚名，让群众过苦日子啊！”

“我同意谷文昌同志的意见。”张治宏书记立刻表态。在几个月的调查研究中发现的问题与谷文昌一样，在常委会上他和谷文昌进行了一次较长时间的沟通，但两个人都对自己的想法有所顾虑，因此将此问题提交常委会来讨论。对提出异议的同志，张治宏和谷文昌完全可以理解。

大家经过讨论，除个别同志保留意见外，多数没有异议。

最后，谷文昌感慨万千地对大家说：“同志们啊！一定要把树种起来，否则东山县永远是个穷县，都要伸手向上级要粮……”

在场的有人说话了：“谷县长啊，您就别提您那种树的事啦，谁能在沙滩上把树种活，我就不当这干部了，天天去给您种的树浇水去。”

大家把主要问题解决了，再也没人去跟谷文昌商讨什么种树的事，这次的常委会就这么结束了。谷文昌并不觉得自己孤独无援，他把这事放在心里，他决心一定要把树种出来，还要把树种活，让东山县成为绿色的县。

东山县，在谷文昌任职的那些年月里，许多决策在县委和政府领导层中都有过争议，各自都有不同的看法，谷文昌向来是先听意见，最后做决定，他在把问题提到常委会前，自己先带着问题与村民交谈，听到群众的真实想法后，把问题提交常委会来讨论，使自己的想法不脱离实际。

翻阅东山县的历史资料，我们不难看出当时的民主气氛。上面记载东山县领导对问题有着不同的看法和不同的建议，最后，由大家表决。

这不只是东山县，似乎在全国各县市都没有太多的区别。一位老革命在回忆当时他参加领导决策会议时的情景说："有不同意见的很多，也很激烈，甚至拍起桌子，但一旦做出最后的决定，大家都认真地执行决定，没有人在决定后另做一套的。更没有人在会后说三道四的。"

"那时，我们大家的目标非常明确，形成良好的风气，谁都自觉遵守党的纪律，都遵照毛主席提出的原则，也就是那句话：民主与集中的统一。"

走过这段历程的老同志，对这段历史的回顾，为我们今天的民主提供了值得思考的问题。

人生情缘

这一年的初冬，谷文昌在史英萍的敦促下，去看他南下的老乡王有。王有是他从河南林县带来的警卫员。现在王有是一个基层干部，他想见自己的领导已经有几个月的时间了，都因谷文昌忙着下乡，他只好让史英萍转告，说是自己的妻子从老家来，适应不了东山县的生活，吵着要回老家。谷文昌借放假的时间，带了点吃的东西，携同史英萍和两个孩子到了王有的家。在王有的记忆中，这是 1954 年元旦的事。

矮小的土房子，门前一个小院子。这是当地领导专门为王有妻子来而准备的。据说，这院子是当年一个地主的房子，虽不像有的地方的大地主那样，房子规模宏大，有三进四厅。但与这里的农民相比，王有住的房子已经是好的。自从王有离开谷文昌到基层工作后，两人没有私下见过面，这次要不是听说王有的妻子吵着要走，谷文昌和史英萍是不会来的。

谷文昌来的时候已经是傍晚，他把一天的工作全部做完后才来的，他在来之前对陈掌国说："你也好几个月没有见到母亲，你就回去看看老人家，顺便也代我向她问个好。"

县里的人第一次看到谷文昌携妻带子出门，都觉得新奇。但因为谷文昌平时一脸的严肃，大家都只向史英萍问个好，问史英萍上哪儿，史英萍说去看望王有，大家都知道王有的妻子吵闹好久了，听说要回河南老家。谷文昌这才觉得自己应该早点儿上王有那儿，免得这对夫妻吵了这么多天，闹得大家都知道，这影响多么不好。

一进王有的家，王有站在门外，他妻子坐在屋里一张破旧的凳子上，把头埋在怀里，床上放着包袱，看这模样儿，她是真的要走了。

动员，动员，再动员。

这是谷文昌与王有的一段情缘，他们一起从河南林县走到福建的东山县，一起建立了这个县的政权，现在他又帮着王有走过这段略显坎坷的夫妻情感生活的道路。

谷文昌和史英萍离开王有家，带着孩子，沿着小路往回走，呼啸的海风送来歌声，这歌声还配着乐器，悠扬动听，似海涛声，声声渗入心扉。史英萍跟着哼出声，谷文昌爱听，两个孩子也跟着唱出声来。

"这是那首《拉网号子》嘛，我也会……"谷文昌还没说完，他的两个孩子以从未有过的胆量质问父亲："爸，你真会？你来唱。"

“唱，可以，可就是唱得难听，我要真唱了，你们别吓坏啦。”

两个孩子看看四周，再看看父亲和母亲，不敢再提要求，偏偏在孩子不再要求的情况下，谷文昌唱出声来:“大家一起拉起来嘿，拉出一网丰收的网嘿……”

“爸爸，你唱得不对。”

“爸爸把这歌给改了，行吗？”

“行。”谷豫闽反应很快，“爸爸改得对。”

谷文昌亲切地摸了摸谷豫闽的头，他知道这孩子今后会念书，会对社会做贡献。

他们一家人，在歌声中走着，而这个父亲谷文昌心里想的是东山县的剧团，他希望东山县要有一个满足群众文化生活的剧团。他想到家乡的剧团，他希望把家乡的剧团请来，帮着东山县成立一个文艺团体，这样逢年过节，剧团可以下乡，到群众中去演出，宣传党的方针政策。

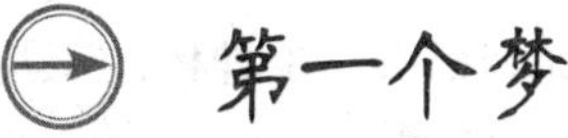

第一个梦

1953 年的春节过后，谷文昌这个县长开始把自己的梦想按计划实施，他做的第一件事是带领全家人去种树。

清明节前，东山岛依然刮着大风。风穿过衣裳灌入人的体内，沾着海风的沙子粘在身体上，让人觉得浑身难受。陈城乡白埕村的人听说谷文昌一家人都来种树，而且要在沙上种，都觉得好玩，纷纷赶来看热闹。

说起种树，这里的人众说不一，大多数的人都是出于好奇，觉得这个县长带着老婆孩子到沙地上种树不可思议。

一个老人拄着拐杖，站在谷文昌要路过的村口，望着骑着自行车来的谷文昌一家人，笑呵呵地说："哎呀，这个县长要做白日梦。"

"谁给他出的这个馊主意,害人啊！"一个须发花白的农民在一边骂着。

"听说是他自己要种的。"

"头脑发热。"

"东山要能种活树，那水就不往下流了。"

听说谷文昌要来种树，蔡海福专程赶来陪着他，看谷文昌种树。蔡海福是个树迷，他和谷文昌有类似的性格，他不太相信老人们说的话，他相信东山岛可以种树，他自己也曾经做过绿色的梦，他下了决心，只要这个谷文昌想种树，他一定陪同到底。

这说话的都是东山县的老农民，世世代代在这块土地上生存繁衍，可以说，他们都是东山县有说话权的人，他们说话并不是没有依据的。在共产党解放东山县之前五六年，东山县来了个县长，这个县长上任后也做种树的梦。当时国民党东山县政府设在山上，这个县长也满怀豪情地发誓一定要把东山县的树种起来，还给自己准备了种树的工具，把它摆在自己办公室的门前，以示决心。但因政权的腐败，这个国民党东山县的县长一棵树都没来得及种。

东山县老百姓种树的事历史上有。谷文昌下乡检查生产,路过白埕村时，就看到一家农民的门后种着几株树，他便敲了这家农户的门，一位年长的名叫林马甲的农民弄不明白县长敲门是为了什么事，一听谷文昌的来意，便把自己种树的事告诉谷文昌，说是在扫墓时捡到的树苗，回来后就把它给种上了，现在这三棵树还长得不错。

这三棵树使谷文昌的两眼充满着光芒，嘴里嘀嘀咕咕地说着什么，大家都没听见。后来的人传说，这个河南林县来的名叫谷文昌的人，他是专门为了种树来的。几十年上百年来，东山人没有忘记过种树的梦，但没有一个像谷文昌这样执着的人。只见他绕着三棵树,看着三棵树,左看看,右看看,用手触摸，把脸靠近树枝，用鼻子闻，用深呼吸来感受这三棵树发出的清馨的气息，让自己在绿色的梦境中得以陶醉。

后来人把这个名叫谷文昌的人说成神大概就出自于这些真实的故事。

实际上，谷文昌是在观察这三棵树之所以成活的原因，他在想，这三棵树是何树种，凭什么可以种活，有什么条件。

看完后，一一记在自己的本子里，带回家，请县农业科的同志去寻找这样的树种。然后，再让农业科的人为自己找一些适合沙地种植的树，便带着全家人来种树。县农业科的人找了松树苗让谷文昌一家人种。县农业科的人认为，松树最适宜在艰难的环境里生存，他们希望谷文昌能把树种活，不要让这位县长丢了面子。

要种树，谷文昌一家人都显得认真。他要求妻子史英萍准备好工具，史英萍手脚不便，带着一丝的不悦:“我也要去吗？”

“要的，我们一家人不去，谁还相信我谷文昌能把树种活？”谷文昌强调了去的重要性。

“豫闽，你去准备些粪肥。”谷文昌给儿子下达任务。

谷豫闽一听父亲让他去县政府大院的厕所里掏粪便，立刻惊叫：“什么？！我去掏粪？我不干！”

谷文昌一听，脸色马上变得严肃，他用锐利的目光看着儿子，什么话也不说，看到儿子噘着嘴慢慢地挪开身子走出去。乖巧的谷哲慧跟在弟弟身后，她要去帮弟弟，她知道弟弟调皮，会把事做糟了。谷文昌没去理孩子，他想让孩子们自己去做完一件事。

过了许久，两个孩子回来，儿子的脸上还粘着粪污。

谷文昌问："你们怎么弄好的？"

"陈掌国帮的忙……"谷哲慧低着头，没敢正视父亲，她知道父亲是严肃的，不希望他们靠别人的帮忙来完成任务。

"好，能做好就行了，准备明天去。"

现在，开始种树了，谷豫闽高兴，他就喜欢能到这荒郊野外来。

"谷哲慧、谷豫闽，你们负责送湿土和粪肥。"谷文昌给自己的家人下达任务，"史英萍，你来提土，我负责挖坑。"他没有给跟随的陈掌国和蔡海福下任务。

谷文昌种树很细心，他找根木棍，丈量着自己挖的坑是否达到规定的深度，量完后，他命令两个孩子先把湿土填到坑里，以保证树苗根部有一定的土，他叫史英萍把围根的土提来，史英萍已经把土提到他跟前，正往坑里倒；等待着母亲倒完土，孩子们就把粪肥往坑里灌。谷文昌把地面上的土填完，再用锄头把靠近树根处的土打实，随之舒口气，看看家人，再看看自己种下的树，心情显然是快乐的，脸上露出一丝的笑意。

蔡海福笑了，看着这一家默契的样子，看到谷文昌对树的那种情感，他知道，这是多么难得的一个人啊，一个全心全意为东山人民着想的人。

"好啦！"谷文昌对家人说，"第一棵我种给你们看，现在你们就学着接下去种，每棵树的距离不能小于——"他举起手里的木棍："看见了吗？"

"看见了。"

全家人一起动手，从早上8点多钟一直种到太阳上了头顶才把树全部种完。

谷文昌种树，不少村民像看戏一般在一旁从头到尾把这场"戏"看完了，他们还要加以评论：

"不出三天，这叶子就黄了，你信吗？"

"水不够啊，你看吧，一个月，这树就剩下杆子咯。"

“谁给县长出的主意，让县长出丑……”

“县长爱做梦。”

村民们对谷文昌种树的怀疑，大都出自于不相信东山岛这一片荒沙地能长活树，而不是对谷文昌本人有什么看法。农民对谷文昌的想法持有不同的意见，县里的一些干部对谷文昌种树的看法也有不同。有人认为，谷文昌种树有点儿犯傻劲，不尊重客观事实，他们在私下里议论着，说谷文昌平时工作作风倒是实在，可这种树却和他平时的作风不一致。还有人说，县里那么多的大事不去做，偏要在种树上做文章。

谷文昌的确像大家说的那样，他的工作作风一直是客观实在，没有半点的虚假，但正因为他的实在，他对种树特别的专注。

“和平时期，共产党是干什么的？是为群众解决问题的，小问题用不着我这县长来解决，那些事只要乡镇领导就可以做的，那我干什么？我就要想做大的事。在东山县什么是大事，种树就是大事，没有树地就荒，我们大家都看见了，为什么到了今天，我们还不能让所有的老百姓过上好日子？为什么东山岛这块土地还不能富饶起来？不就是因为那一片沙地嘛。我们想想，共产党不去改变这些环境，那么老百姓要我们干什么？我们凭什么让老百姓喊共产党万岁？”

这些话，在后来反右斗争的日子里，谷文昌险些被划定为右派人物，有些人就抓住谷文昌的这番话，上报给上级部门。

是的，在那些日子里，我们几乎在任何地方都可以看到标语口号。也确实在这些标语口号下，老百姓的生活还无法称得上是好日子。

因为，一个新的政权不可能在一年或是两三年中就可以解决这个社会几百年来存在的问题。作为谷文昌，他能想到这些问题，正是说明他是个善于思考与发现的共产党员，是个敢于创新的县长。

这些日子里，谷文昌工作之余都要抽出时间去看望他的那几棵树。但这些树的确让他失望，树没有像他所想象的那样一天天地长高长大，长成满目翠绿的树，相反地，那些树一天比一天地枯萎了，低着头，像是给谷文昌谢罪，像是给谷文昌致歉。

而那个名叫蔡海福的人却无限的悲伤，他常到谷文昌一家人种的那些树前浇水、施肥，可就是看不到树生长。到了这树落下最后一片枯叶时，他和这树的主人谷文昌，一同站在树前，他的眼泪和枯叶一道落在沙地上。谷文昌背对着这位忠诚的农民朋友，说："我还要种，我要把整个东山岛全种上树。现在，我们要多了解一些和我们相似的地方，他们是怎么解决这些问题的，不要难过，难过是解决不了问题的。"

谷文昌白天下乡向群众宣传，到各乡镇落实各项工作的进展，晚上回到办公室就开始看文件，上级的文件，海防的文件，各乡镇的情况报告，县机关各个部门的报告。他让县教育科的科长来自己办公室，他要听听教育科对县中学事宜的安排。他自言自语地说着："一个县连个中学都没有，这怎么行？国家怎么发展？"教育科的几个同志和校长出现在他面前，听着他说完这段话，也被他的精神所感动。大家看着谷文昌办公室墙上的那钟，时间已经到了23点40分了，他的案头上还摆放着一大堆的文件和报告。

"你们辛苦啦！"谷文昌见到这些东山县的教育工作者好高兴，"我啊，一直想再上一次学，小时候没钱，家里只让我读了几天的私塾，你看，你们应该都是我的老师啊。"

"县长如果真要读书，那我们专门请老师来给您上课。"

"那不行，不能搞特殊，你们的报告我看了，上次去你们学校看了，我就给校长说了，东山县应该要有一所中学，我们总不能让孩子们只念到小学吧，今后国家需要人才，小学是不够的。"

"县长，您说了很久了，可我们现在才具备这些条件，尤其是老师缺啊。

有的来了，看看东山这情景又走了……”

谷文昌眉头一皱，很快就恢复了原来的表情，他说：“你们今后遇到这样的事告诉我，我去和这些老师说说，现在的东山是苦了点，但以后会好的。”

“那现在办初中有问题吗？”谷文昌把话题转到正题上。

“目前基本没什么问题了，语文、代数、俄语、物理、化学这几门课的老师都有了，可以正式挂牌。”

“挂牌，好！把事情做实了。”

“谷县长，我们今天来，希望您和张治宏书记都去参加我们初中的挂牌活动。”

“你们记着，我去不去不影响你们的事，你们把学校办好了，培养出人才来就是好学校，这活动我就不去了，书记去也就可以了。”

大家坚持要谷文昌参加，谷文昌却坚持自己的立场：“不要因为我提议办初中，就要我参加你们的活动，领导不能什么都出场，如果你们那儿还有老师想离开东山，那我真要去见见这些怕苦的人，让他们看到东山人是热心的，是希望他们留下来的。”

教育部门的同志走了，谷文昌继续看他的文件，他看到刘龙那个合作社的报告，报告上陈述了今年上半年的生产状况，心里无比的喜悦，这一天来的劳累瞬间烟消云散。报告上说，渔业生产已经突破原来400万斤的计划，产量达600万斤，是东山县有史以来最高的纪录。

谷文昌决定，让更多的合作社向刘龙的合作社学习，向刘龙合作社取经，把刘龙合作社的经验介绍给全县的合作社。他原计划第二天到湖塘去，现在他要改变下乡路线了。他要到刘龙的合作社去看个究竟，研究刘龙合作社的成功经验，让更多的人走上合作社的路，让更多的人知道怎么走能走出一条富裕的道路。

第二天，还是那片海湾和渔港。谷文昌依然是坐在陈掌国的自行车后，从西埔镇向铜陵镇走。沿途他和陈掌国交谈着，他想听听大家的意见，看看自己的决策是否有误。这一年，整个东山县出现了严重的旱情，他想出一个办法来缓解灾情造成的损失，让群众可以凭着自己的劳动走出灾害造成的困境，减轻国家的负担："你们家的地瓜种得好吗？"

"地瓜种得不错，下个月就要收成啦。"陈掌国说的是实话，谷文昌对他还是了解的。

"能收多少？"谷文昌想计算收成，想掌握第一手的情况。

"100 多斤吧。"

"你母亲一个人有 100 多斤的收成，100 多斤的地瓜再加上大米，她能吃多少天……"谷文昌像在自言自语，又像在问陈掌国。

"如果有大米搭配，那我阿妈一个人，100 多斤，她可以半年不愁吃的。"陈掌国边踩着车边回答身后的谷文昌。

"有个水库多好，要有个水库，那就不会有这么严重的灾害……"谷文昌又自言自语。

"水库？！"陈掌国不知道什么叫水库，但他很机灵，立刻明白谷文昌的意思，就是把水蓄起来，需要时就把水放出来浇灌田地。

"是啊，水库。"在这时，谷文昌想到要在东山岛上建一座水库，想到要从根本上解决东山县缺水的自然状况，但他听出陈掌国对水库还不太知道便对陈掌国说："掌国，你还年轻，要多学点东西，今后能用得上的。国家需要知识，需要文化，我看啊，你们这些年轻人都要去学习学习。"

从西埔的县委县政府所在地到铜陵镇走的是沙土路，路面很窄，颠簸得厉害，这条路谷文昌不知走了多少遍，从第一次踏上这条路起，谷文昌就想有一天要把这条路修成一条东山县的大路，现在，他把这条路放在心里，他要找机会来改变它的历史。他也想到，总有一天，他会看到整个东山县处处都有大路，老百姓就不会因为路而困扰。

△ 谷文昌

一路上，谷文昌频频让陈掌国停车，只要他看到地里有人在劳作，他就要下车和农民谈上几句话，别看就这么几句，谷文昌就可以问个明白，就可以了解到农民生产与生活的具体情况。看到农民在劳作中有些不科学的地方，他都要亲自教他们。

从清晨7点钟出发，到9点来钟，陈掌国载着谷文昌来到渔港，刘龙不在他自己的那条船上，一个渔民带着谷文昌和其他的干部来到另一条渔船，刘龙正和大家在船舱里开会。刘龙讲起话来很生动："拉网吧，你们看，一个人拉不过是小网，大家拉就有大网，大网里才有大鱼。我很高兴，你们加入我们社（合作社），大家来了，力量更大了，可是，你们要记住一点，齐！心齐力量才能大，心不齐，再多的人也不管用，对吧？你们大家如果只想摘果子，不想辛苦地耕种，人多有什么用……”

谷文昌坐在舱门边，静静地听着，微微地笑，不停地抽着他的卷烟。大家没有发现谷文昌的到来，你一言我一语地讨论着。直到有人说了声“谷县长”，大家才把目光转到谷文昌的身上。这次谷文昌没有发表讲话，会后，他和刘龙等人一道坐在甲板上，边卷着纸烟边聊天：

“大家热情很高啊……”谷文昌引出话题。

“是的，我希望大家能团结在一起，把渔业生产搞好，让渔民的生活过好。”刘龙把自己真实的想法说了。

“大家都想过好日子，过好日子就要靠大家。你们这个合作社发展到今天有多少户？”

“从23户发展到32户。”

“你家里的粮食够吗？”

“足够了，还有余粮。去年统购，我就上交了100来斤，这些都是用多打的鱼换来的。”

“大家的情况怎么样？”这是谷文昌最关心的事。

“大家情况都差不多，不少人把旧房子翻新了一遍，个别的，还盖了新房子，大家说，用不了多久，就可以进入共产主义啦……”

“你自己呢？”谷文昌又把话题引到刘龙身上，他要考虑的是，这个刘龙合作社凭什么能够发展得这么快，他的经验是什么。

“我想，先把大家团结起来，大家的日子过好了，再来想自己。”

“你们是怎么分工分的？”

“大家评议，按投入的工具，看劳动表现来计算，我自己先不表态，先按最低的算，鼓励那些劳动积极的人……”

“你是个好同志。”谷文昌表扬了刘龙。刘龙显得谦逊：“谷书记啊，这都是向你们学的，向你们共产党人学的，带个头，先把利益让给群众……”

有人在一旁插话：“他（指刘龙）只要谁家有困难，谁家需要什么，他能帮的就帮，他能做的就给我们做，他是好人呢！有他这样的人，我们的共产主义不会远的呢……”

谷文昌借着大家的兴致把话题拉开：“大家齐心协力，靠自己的劳动把生活过好了，为国家积累了财富，我们就可以修公路，建电厂——”他指着海边，“把海围起来造田，我看往后的日子真是大家说的‘共产主义社会’了。”

谷文昌不会夸大其辞，他说的这些都是他计划内的事，都是他和县委县政府领导们从东山县的实际出发，规划出来的一幅蓝图，他不太会做鼓动性的演讲，但他会找机会激励大家的热情。

“公路？”

“是啊，从城关到西埔。”谷文昌把这幅蓝图“画”给大家，激起大家的热情。

“电厂呢，电厂建在哪里？”

“明天，我要和电力专家们去选个地点。”

“共产主义快了？”

谷文昌笑了，他说：“共产主义，首先是思想要进入共产主义，靠劳动过上好生活，要有艰苦奋斗的思想。”

“不是说楼上楼下、电灯电话就是共产主义嘛！”

“是啊，你看我们已经有人住的是楼上楼下的房子啦，只要电灯和电话有了……”

“共产主义是我们共产党要解放全人类的事业。”谷文昌进一步解释给大家听，“不是我们进入了共产主义，而是要整个人类进入共产主义……”

“哇，那要等到什么时候啊？！”

好人的标准是什么？在1954年，在中国东山县渔民的眼中，就是能帮助人，能为大多数人解决困难，能牺牲自己的利益来保证大家的利益的人。

在那个年代里，共产党员很多那是这些大公无私的好人，而像刘龙这样的好人们承诺着一个共同的誓言：为实现共产主义的伟大理想而努力奋斗。

离开刘龙互助合作社的谷文昌满怀着信心，在县委和县政府的办公会议上，他把刘龙的经验做了介绍和推广。

这次会议谷文昌把修建第一条公路的设想提交给大家讨论，把修建东山县水库的设想提交给全体到会的同志研究。

1954 年春，刘龙作为福建省的代表参加全国互助合作会议。

搏击风暴

变幻之路

☆☆☆☆☆

山口村，一望无际的沙滩。廖进彩把鞋子系在腰间，吴志成和蔡海福干脆不带鞋，他们光着脚在春雨湿润的沙地里走着。吴志成是林业科的副科长，他的文化不高，出身中农，但组织部提出，吴志成对党的忠诚是经过多次考验的，再说，不能老是选用南下的外地干部，当地干部中表现好的，成绩突出的也应该予以任用，这样才会激发当地干部的积极性。吴志成非常勤奋，他喜欢学习，抓住机会学，想办法学，因此，他在种树方面很有自己的见地，很多关于种树方面的想法都来自于他。蔡海福只字不识却满腹经纶，这些经纶大多是祖上传下的，或是道听途说的，你别小看蔡海福祖传和道听途说的，这可是东山人祖祖辈辈积累下来的经验啊！

廖进彩读过书，接受进步思想的传播，跟着解放队伍南下，来到福建的东山县这个岛屿。他参加土改、东山战斗，工作非常出色，颇受老百姓的欢迎。谷文昌之所以选择他来担任林业科长正是因为他的才能。但，廖进彩面对东山县满山遍野的岩石和丘丘相连的荒沙，不敢贸然上任，又不能拒绝领导的安排。他知道，谷文昌和樊生林这样安排是对他委以重任，作为一个党员他没有理由拒绝，他只是答应谷文昌：“我去，可我不知道自己是否胜任，我想，我会努力的。”

这正是谷文昌想听的话。谷文昌喜欢这样的人，实实在在，没有豪言壮语，只有脚踏实地。他的性格正巧让谷文昌信任。可谷文昌越是信任他，他越感到担子就像他和蔡海福脚下的沙丘，沉甸甸的，每走一步都艰难无比，希望的彼岸是那么的渺茫。从上任到现在，时间已经过去三个多月了，他和蔡海福恢复了苗圃，赶在春分到来之前，他们选了几种他们自己认为适合的树，准备试种。

昨天晚上，廖进彩就这个问题向谷文昌做了汇报。谷文昌没说来不来：“我明天县里有会要开。”他没往下说，两眼在凝视着桌上的文件，他想去，非常想去，去看看试种的情况。这是他一生最大的志向。但现在还有一项工作需要他投入精力去做。他什么也不想再说，只希望廖进彩和蔡海福他们能顺利地试种出适宜东山县的树种。

廖进彩和蔡海福，还有几个农民挑着一担担的泥浆往沙坑里填，准备种上松树、榕树或者是相思树。按蔡海福的想法，只要这些树能成活，它的根就会把沙土包成一团，这样就可以减少土地的沙漠化。这是治沙的一种办法，谷文昌曾经尝试过，开始树苗还长出绿芽，没过几天就枯死了。蔡海福认为，谷文昌之所以没能把树种活，是因为他填在沙坑里的泥土不够多，坑也不够深，为此他们还专门研究了一番，最终没有结论。谷文昌认为他挖的坑一米多深，已经很深了，而蔡海福说，因为我们这里都是沙地，所以要更深点。

“再深点。”蔡海福要几个挖坑的农民把刚刚挖好的坑继续往深处挖，“你们最好能挖到土。”

“海福啊，你神经病了吧。”挖坑的农民讪笑。

蔡海福依然认真地坚持道：“我让你们怎么做，你们就怎么做。”

大家显得无奈，只好使劲地往深处挖。

这是蔡海福的愿望，他希望在这沙地上能挖到土，能把树种活，能把荒沙变绿洲。蔡海福也想看个究竟，看到底这沙地有多深，不知水深浅怎么能行船？

廖进彩带着的人很快把泥浆填完，他关心的是另一种试验。他带着另外几个人，面对耸起的沙滩，指挥大家按米字形种上草，也认为这样可以控制沙化的面积，只要能控制沙化，就有可能优化土地，种树的理想就有可能实现。

廖进彩和蔡海福他们忙着试种工作。谷文昌离开县委大院向山口村的苗圃走来。县委大院外有不少人在看着大字报。谷文昌没有心思看，近来社会上关于政府工作作风问题的反映都可以在大字报上看到，有些言论很让谷文昌这个共产党员忧心，但他很冷静，有一条，他认为只要群众说得对，我们政府干部就必须加以改正。

“掌国，你看我这个人合格吗？”他问骑着自行车的陈掌国。

陈掌国笑了，蹬着车，想了半天才说：“共产党员能想着群众，想着怎么为群众办事，这就是合格的，要不就不合格。有的人只看着自己的利益，不考虑群众的利益，这样的共产党员就不合格。我们县里有些人就只想着自己，当然这样的人少，很少。”

“你有进步，你的思想和党的要求距离近了，我很高兴。”谷文昌表扬了陈掌国。他为陈掌国有这么大的进步感到高兴，“你写入党申请书了吗？”

“写了，史大姐教我写的。”

谷文昌不再说话，这些年来，他遇到的问题太多了，尤其是现在这样的局面，有些人要共产党让位，要谷文昌反省自己在东山县的工作。陈掌国意识到坐在自己自行车后架上的书记心事重重，他没弄懂究竟为了什么，上级机关要开展这样的运动。

“大鸣大放是为什么？”陈掌国问谷文昌。

“整顿党的组织、作风，让大家向党和政府提意见，让我们的工作做得更好。”这是谷文昌的理解，这理解是对的。

陈掌国有些费解：“我看有些人想翻天。”

“这也是正常的，这么大的运动难免会有些人过激。但想推翻共产党是不可能的。”

“可我们一些干部也跟着叫喊着，要纠正我们的工作。”

“那是不同性质的事。”谷文昌解释道，“要共产党让位和党政干部作风的改变是不同性质的问题，不能放在一块儿谈。要分清矛盾的本质，要学会分辨是非，看问题要看到它的本质，你还是要多学习啊。”

谷文昌说到这儿，他开始有些担心，他担心的人不是别人，正是和自己搭档的县长樊生林。樊生林工作能力强，很有水平，就是他的那张嘴锁不住。他常常在公开的场合口若悬河，说得全场惊叹不已，他还经常借古喻今，让听者沿着他的思路去浮想联翩，因此很多人爱听他做报告。

这一路走，谷文昌的话越来越少。他看陈掌国踩着车，越踩越沉重，心情也跟着沉重。他们到了苗圃，看到廖进彩和蔡海福在种树，心情略有些好转，下了车，他自己从车上取下锄头，径直向沙地走去，他边走边对陈掌国说：“你什么时候教我学骑车？”

“好啊！”陈掌国想不到谷文昌会有这个想法。

廖进彩和蔡海福看到谷文昌来，非常惊讶，他们没想到书记在这个时候还专程来看他们种树。蔡海福眼眶里有些湿润。他在这个苗圃里已经待了三个多月，他有不少的想法要跟谷文昌交流，这三个月里，谷文昌来了四次，两次都和他住在一起，就是没谈到党内整风这个关键的问题，一到关键的问题，蔡海福就看到谷文昌疲惫的两眼微微地闭着，他就不再为难谷文昌了。他也发现近来谷文昌的变化，发现谷文昌话越来越少，烟越抽越多，而且还不停地咳着，尤其是到了下半夜，谷文昌的咳嗽声常常把他给吵醒。蔡海福知道谷文昌的心思，县里的那些事他知道一些，但并不了解事件的原由，究竟为什么要那个大鸣大放？为什么要整党整风？他自己也向党交了一份入党申请书，这是在谷文昌的指导下写的，他觉得自己这样一个旧社会连饭都吃不饱的农民，能有今天这样的日子，应该感谢党，感谢这个新中国的政府，他很想和谷文昌谈谈，这一切为了什么？

谷文昌的出现让大家吃惊，也让大家感动。书记在百忙之中还来苗圃看望大家，这无疑是一种精神力量。谷文昌不仅自己来，他还把县委办的几个同志也叫来，不一会儿副书记陈维仪也来了，几分钟的时间来了两个县领导。林周发、王治国扛着锄头踩着沙堆向正在试种树苗的廖进彩和蔡海福他们走去。

大家围绕着试种下的树苗看着，蔡海福和廖进彩介绍试种的情况："我们现在采用两个方法来试种，看看哪个方法可以成功。这时间里，我们还要到外面去看，看人家是怎么解决这些问题的，有什么更好的种树方法。"

"从去年我们恢复苗圃到现在，已经试种了一些树种，但都没有活……"蔡海福说，"我就想着，怎么没法挖到土呢？这沙到底有多深？"

"不要想，想有什么用！"谷文昌说着扔了手里的烟头，卷起袖子，拿起锄头，"干！挖到底，看看究竟这沙下面是什么。"

谷文昌一声号召，大家抡起手上的锄头往沙地里挖。这一挖，挖出一个直径 10 米深 6 米的大坑。这么大这么深的坑花了十来个人四个多小时的时间，你一边挖，沙堆一边就往下陷，常常是连人带沙落进挖好的坑里。周围的农民在一旁观看，似乎有所触动，似乎又不以为然。

"谷书记啊，"一个衣衫破烂的老农踩着沙走到谷文昌他们的身边，站在坑边上说，"谷书记，我们打个赌吧，你能在这里种上树，我王字姓改跟你姓谷，怎么样？"

谷文昌放下锄头，从口袋里掏出两支纸烟，一支递给老农，另一支含在自己的嘴上，点上火，他看了那老农一眼，笑着说："行，这赌我跟你打，姓谷姓王没什么关系，只要能把树种活了，我谷文昌姓什么都可以。"

农民，尤其是山口村的农民根本不相信谷文昌能在沙地里把树种活，他们天天都看到蔡海福和那个外地人廖进彩带着人在种这种那的，就是没看到一片绿叶子活下来，还花了这么多的人，这么多的工。

“谷书记，你信不，你的姓肯定要改的……”

“我不信，你看吧，到最后谁改姓……”

“好吧，谷书记，我这个在东山岛生活了60年的人，说出的话你不要见怪。可我很感动，你这样做全是为了老百姓，这我心里清楚，可这……”他指着一丘连一丘的沙说，“它能治吗？！”

谷文昌边挖沙边听着，他等老农说完后，问：“照你说的，那我们东山人就该一辈子过着出门乞讨的生活，你就想这么过，你怎么对儿子们说，难道他们也要和你们一样吃地瓜稀饭，穿破烂衣服，嗯？”在谷文昌说话的当口，风夹带着沙砾，从他的嘴里穿入他的咽喉，他被沙砾呛得喘不出气，不知谁在他的背上重重地拍了几下，他才出了这口气，接着他又开始不停地咳。

老农刚才那不信任的神情消失了，眼睛里流露出惭愧，他在认真地想着谷文昌的那句话。没有其他的出路，没有其他的选择，只有靠自己的勤劳与智慧。

谷文昌已经不只一次面对这样固执的老农民，每次他都敞开自己的襟怀，与这些农民朋友坦诚交谈。

“我们连自己都不相信，还有谁会相信我们？！”谷文昌放下手里的工具，边咳边望着站在沙坑边的这群衣衫褴褛的农民朋友，他的这句话让全场的人惊愕：“我们不能穷到连志气都没了。我们是新中国的农民，你们看看，我们不能因为衣服破而志气也消失了，我们不能因为吃不饱饭就连脚跟都站不稳了。人，活着为什么？不就为一口气嘛，这口气就是志气！我们东山人不是有句老话嘛，不怕路长，只怕志短……”

这一番发自县委书记心里的话，让全场的人沉默了很长时间，连谷文昌自己带来的干部都没出声。是啊，我们怎么能活得连志气都没啦，我们还像个农民吗？这个书记，这个谷文昌，他又为了谁？他为什么要这样费尽心思地种树，一定要把树种活？就为了我们东山县的百姓嘛。

谷文昌很激动，他很少这样激动过。为什么像他这样的领导会在群众面前动起感情来呢？在他的心里压着沉甸甸的愿望，压着沉重的责任。他静静地在心里再一次对自己说，我谷文昌不把树种活，就不离开东山县，我就让东山县的荒沙把我埋下。

大家被谷文昌的话感动了，在长久的沉默后，那老农悄然从地上拿起铲子，“嚓”的一声打破沉默，大家都跟着动起手来。

谷文昌重新组织一班人，选择了新的地点挖开另一个沙坑。

太阳整整一个白天都躲在云层中，朦朦胧胧的直到快要落到海的那边时才射出一缕微弱的红晕。有人在这时候哼出歌，声音很低沉，节奏中还带着喘息：“解放区的天是明朗的天，解放区的人民好喜欢……”歌声起，马上有人附和着唱起来，歌声向一望无际的海天传扬。

太阳走完了一天的路程，离开了东山岛这个地方，天空挂起一轮月亮，也是朦朦胧胧的，躲着东山岛上的这一群劳动者。

一天的劳动，结果有了两个坑。二十来个人，劳动时间 7 小时，挖出的沙高达 3 米多，挖地 8 米深。结论：还是沙层。

谷文昌没有回县城。这一夜，他和蔡海福进行了一次长谈。蔡海福想听听他对整风的看法，谷文昌回避了这个话题，直接把话引到种树上：“海福，你看，我们今天这一天，挖了那么深还挖不到土。”

蔡海福见谷文昌不喜欢谈党内整风的事，也不强求，他接过谷文昌的话题：“我还想往下挖。”

“我明白你的想法，我也赞同你的建议，对全面的情况不了解，事情就很难做好。至少说，我们对地里的情况有了解，今后我们才能有解决的办法，这是一件事；第二件是要出门，出我们岛的门，去了解别人是怎么做的，听说，广东那边有成功的经验，我想，你或者是廖进彩去走一趟，借鉴别人的经验，看看人家种的是什么，人家的情况和我们一样不一样，不能蛮干……”

谷文昌觉得言犹未尽，想了想，对蔡海福说：“海福，你能不能读点儿书？”

“读书？”

谷文昌点点头，递根烟给他。

蔡海福点燃了烟，猛地吸了一口，没说话。

“你知道吗，我都想学习点文化，我让县委办的同志去安排搞个县委县政府领导的文化补习班，社会主义需要文化知识啊。”

蔡海福头都没抬，低声地闷出一句话：“你们也要学文化，那好，我也学……”

廖进彩敲门进来，谷文昌立刻对蔡海福说：“海福，你的老师来了，快拜师。”

蔡海福和廖进彩都愣着看着对方。谷文昌指着廖进彩对蔡海福说：“你不知道，我们廖进彩的学识有多深，他可是我们大家公认的才子啊，你要学文化，他不就是你最好的老师。”

蔡海福恍然大悟，他谦恭地向廖进彩深鞠个躬，廖进彩从未接受过如此虔诚的礼仪，有些受宠若惊，拉着蔡海福的手说：“您的实践知识要比我多得多，您才是我的老师。”廖进彩说的也是发自内心的话，他到东山县工作后，看到老百姓用自己的智慧，在如此恶劣的环境中生存着，发展着自己的家园。这些对他来说，真是一门博大的学科。这一段时间里，他从蔡海福身上看到生活在最基层的劳动群众，他们有许多优良的品质，尤其是谷文昌让他认的这个学生，那种认真与执着深深地感动着自己，在与蔡海福的接触中，切身体会到中国农民的质朴与善良。他们不过是被文化遗忘的一群充满着热情与智慧的人，旧社会让他们背上了沉重的文盲包袱，假如我们让他们学会文化，发挥他们的智慧，那他们的历史将重新改写。

"我们农民，在过去可以没有文化，那是人家不让我们学习。现在，新中国需要我们有文化，我们应该做有文化的新农民。"

这样的话，谷文昌在东山县工作中重复过无数遍。而且他自己率先带头走进教室，拿起文化课本，从简单的拼音和计算开始学，每天清晨聆听老师的讲课。我们可以说明一点，这个没有读太多书，或者说，只读过一点点书的谷文昌，他在农村的工作经验中，在自身的感受后，明确一条道理：新中国必须做一项工作，那就是建设一支新型的农民队伍，这个队伍首先应该有文化。科学文化知识是社会发展的基础。因此，这一年，谷文昌和县里的领导们，把原有的一所初级学校改变为高级学校。

县委整风会上，大家向谷文昌提了不少的意见和建议，谷文昌认真地聆听着，把大家的意见记录在工作本上。在后来的工作中，人们可以在许多地方感觉到，谷文昌接受了大家的批评和意见，在自己的工作中加以改进。

谷文昌在这场政治运动中采用了冷静的态度，采取观察、思考、接受、吸取、改正的态度，足以看到他在政治上的成熟。

党内整风很快转向反击右派，一场全国规模的群众性的急风暴雨式的反右派运动猛然地开展起来了。

"你们东山县委里就没有右派吗？"

"你们东山县委右派的代表人物是谁？"

"你不是右派，那谁是？抓出来，让群众看！"

在这期间，谷文昌最喜欢去的地方就是山口村的苗圃，后来叫作林场。他常常直接和蔡海福交流有关种树的事。他把自己和这个苗圃以及这苗圃的主人蔡海福连在了一起。

1957 年，整个中国都在忙着政治工作。而谷文昌却忙着实现东山县老百姓的愿望——种树。

坚守信念之门

☆☆☆☆☆

秋天的东山，风扫荡着海岸。这风不像其他地方的风只朝着一个方向吹，而是四个方向都来，又朝着说不准的方向走，实际上就是大家所说的狂风。

杜淮的妻子林玉英出了盐场的门就没能往前走。这样的事不是第一次。她趺趺撞撞地回到大门里，躲在墙檐下，望着曙色的海天之际有那么一丝丝的光亮，她希望风小点，希望路短点。昨天，她走这条路的时候还有丈夫挽着她的手，一起顶着狂暴的海风，以免被风卷到堤坝下，今天丈夫出差到漳州开会，她要赶到县城的小学校去。

这是一项非常光荣的任务，对她来说，给县人民委员会的领导上课是表现自己对党忠诚、对人民事业的热爱。每天此时她都有一种使命感。

县委领导补习文化，这是谷文昌对所有干部的要求。县工会为了能找到一位好的老师花费了不少的时间，最后找到林玉英。找林玉英的理由是，林玉英学历高，说话口齿清晰，表达能力强，又是杜淮场长的家属，政治上也值得大家信任，另外很重要的是大家都了解她，喜欢她的天真活泼，听起课来，心情愉快。上课时间排在小学生上课前的两小时，也就是 6 点

到 8 点。这给林玉英带来了困难，她从盐场走到县城的学校必须在 5 点前就要离开家，走一个小时的路程，这里也包括风雨阻挡的时间。为了妻子能按时给县委领导干部上课，杜淮每天都和妻子一道走，一定要走完这靠海边的小路，然后才返回盐场。

林玉英是个做事极其认真的人，自从她接受了这个任务后，没有一天是在谷文昌他们之后到达教室的。可今天她为难了，胆小的她望着茫茫大海，自己的脚却不敢往门外迈。就是站在门内，林玉英都是把纤弱的身子紧紧地靠在矮墙上心里才觉得安稳，才仿佛不至于被海风吹入大海。对生活充满着憧憬的她突然束手无策，不知该怎么办。

海风吹走人的事在东山县的这条路上发生过，而且不止一次。就在解放前一年的秋天，这条路曾经把一对母子吹下大海，瞬间就带走了两条生命。前年，也就是 1955 年，这条路也把一个孩子吹入大海，那次路上还有不少人在走，大家想把孩子救上岸都没办法，因为一接近大海，人就站不稳脚跟，海浪和风浪夹击着人。走这条路的最好办法就是大家一起走，手拉手走。林玉英每到这时候都这么走的。她在百货公司工作，到了下班时间，大家说好了，等在这条路上一道过。

风丝毫没有减弱的意思，呼啸而来，狂啸而过。她有些急，时间在告诉她，如果不开始走，她这个当老师的人就可能在学生都到后还无法出现在教室里。她想起开学那天，谷文昌严肃地对大家讲的话："谁都不能迟到，迟到是对老师的不尊重。"她想，学生不能迟到，老师更不能迟到，为人师表嘛。怎么办？路上还看不到人影。在观望等待中她看到墙边上有一担土，昨天盐场工人没有挑走的土，那担土的边上还有几块石块。林玉英知道，加重自己身体的重量就可以避免被狂风吹得东倒西歪，就不会被卷入大海。她把身体贴着地面，慢慢地靠近那几块石头，为了安全，她抱起一块八九斤的石块，沉甸甸的，她试着站起来，估计一下风力和自己应该加多少石块的重量，很稳，脚跟站得稳稳的，有动感的地方就是头发和衣裳，于是她挑着石担大胆地走出门，走向海边的这条小路。

教室里坐着十来个特殊的学生，林玉英第一次这么晚出现在大家的面前，没有觉得羞愧，红彤彤的脸上焕发着光彩，心里有一种骄傲的感觉，因为她用自己的力量战胜了困难。崔天行发出号令："起立。"大家站起来，面向这位老师："老师好！"

"坐下。"

"今天，我先把大家昨天作业里的问题讲解一下，然后我们就上新课，讲算术中的乘法运算。"

课程安排是每天两节课，一节语文一节算术，林玉英担任所有课程的老师。林玉英在教课中不敢指定谷文昌回答问题，可每一次谷文昌都要抢着回答林玉英在课堂里提出的问题。而每天的作业都必须在课堂上完成，林玉英天天就带着这些作业回家，在下班后的晚上给大家批改，第二天再带到教室里交还给每个人。

谷文昌听得非常认真，他在另外一个本子上，将乘法运算记录下来，然后把山口林业站的几个数字结合起来做了自己规定的作业。他没有问林玉英自己的具体算法是否正确，只是把自己的想法询问了这位老师，得到老师的认可。他从学习中收获了可以运用的知识。

下课后，谷文昌回到自己的办公室，静静地一个人看文件，他把上级发下的文件，有关从整风运动发展为反右斗争的内容重新看了一遍，并在自己的本子里做了两个记录，一是把自己不认识的字做了标记，重新按照老师的要求标明读法；二是记录了一些自己的看法，如党定的目标不容放弃，是我们永远追求的目标，要相信党。为老百姓做事，是我们干部应尽的责任。

做完这些事，谷文昌的心情略显得愉快，他把几个月来的心思在自己的本子上表达了一番，尽管说他的文化水平不高，他所写的内容并不丰富，但质朴的情感、对党忠诚的信念却流露在字里行间。他把自己在短短的时间里所学的文化知识立刻运用在工作中，带着满腔热忱把忧虑和顾忌暂时忘在一边，把绿色的建设列入全县发展规划中，并加紧实施。

“你们不要有什么想法，你们要相信党，党在任何时候都不会忘了你们。”这是谷文昌对被错定为右派的同志说的话，“你们一定要拿出行动来，证明自己对党和人民是忠诚的。”

“你要关心他们。”谷文昌对妻子史英萍提出要求，他希望妻子能给这些右派家属以温暖和友情。

秋天的东山岛，与其他的地方都不一样。在漳州市区里，街道两旁，树正在落叶，就连邻县的云霄县也能看到季节变换中的情景。可这个东山岛连落叶的景色都看不到。

史英萍踏着沙尘的路，到离县城很远的地方去看望陈美玉和沈玉生这对患难夫妻。谷文昌为了保护沈玉生，决定让沈玉生到水利建设工地去工作。沈玉生给定为右派那几天，谷文昌正在福州开会，回到东山岛听到领导小组的汇报后才知道。说是沈玉生当时说了一句话：“右派，右派并不一定都是坏人吧。”他还列举了几个人的名字，说：“你看他们，都是经过东山战斗考验的同志啊，他们连生命都交给了党，你们怎么能把他们定成右派呢！”

“这些人都是有过反动言论的，过去他们是有过功劳，但他们没有跟上党的要求，把自己的脚跟站到了右派的那一边。”

沈玉生并不知道自己说的话，会给自己带来二十多年的政治灾难。谷文昌在去省城开会前，看过右派的名单，还给小组的人交代了一句话：“不要搞得太多人，要注意政策。”谷文昌的表现似乎不合时宜，地委和行署的领导不满意东山县反右斗争的成果，提出：“你们东山县地处前沿阵地，政治环境极其复杂，右派言论猖獗，怎么右派才这几号人？有人举报很多材料，都在我们这儿，你们看吧，东山县至少要有 30 个右派。”

于是，沈玉生就因为一句话，结束了他的政治生涯。偏偏在这时候，沈玉生得了胃炎，需要到厦门动手术。谷文昌想去看望他，就是抽不出时间。他正在为东山县的另一个水利项目奔跑在东山县和漳州市之间。

史英萍到陈美玉家已经是下午了，陈美玉见到史英萍来看自己，悲喜交加。自从沈玉生被定为右派后，县里的同志很少接近她，她为了能照顾丈夫离开县委机关，到离水利工程最近的乡工作。

这天，陈美玉刚刚从村里回来，还想着合作社整顿的事，没想到县委书记的妻子来了，她原想把一肚子的委屈藏在心灵的深处，但一见到史英萍，这委屈噌地涌上心头，眼眶一热，禁不住流出泪来。

“玉生呢？”史英萍看看破旧的小屋问。

“在红旗工地。”这红旗工地指的是谷文昌准备建的一座东山县最大的水电站的工地，这个工程被命名为红旗水库，用以解决东山县用水问题和发电问题。

史英萍心里一震，问："他不是身体有毛病吗？"

"他想干，就让他去吧，要不他一天也过不下去的。"

"你打算什么时候让他去厦门动手术？"

"他不想去。"

"为什么？"

陈美玉望着窗外，不敢正视史英萍，低沉地说："他知道县里没什么钱，再说，我们自己手头上也很紧。你算算，从这儿到厦门要花两块多钱的路费，还要住在那儿，他一个人还不够，我还要在那儿照顾几天吧。"

史英萍立刻说："你打个报告，我让老谷批，补助些钱，尽快让玉生把病治了，不要拖。"

"他可能不让我打这报告，你知道玉生的脾气。"

"你打，以家属的名义打。路费就按出差来计算，这样就不会那么困难了。"史英萍想出了个合适的办法来帮助他们。

谷文昌从漳州回到东山岛，立刻赶往工地，给筹备工程的同志带去好消息，漳州市批准了项目的正式开工。

沈玉生此时见到谷文昌，又得到开工的消息欣喜万分。他没有把高兴流露在脸上，暗暗地藏在心里，他想在水库的建设中，让党看到自己是坚信党的领导，坚守社会主义的信念。

"做好准备，秋天是建水库的最好时间，我想在枯水季节把大坝建起来。"谷文昌和沈玉生，还有几个工程技术人员站在荒坡地上，望着山下一片荒地说："你们看，这水库能解决多少地的灌溉田水啊。"

"要动员很多的劳动力参加。"沈玉生感慨道，"到时候，这里又是千军万马。”

“这就是我们共产党的力量。”谷文昌想的是东山县在共产党领导下，走过八年的路程，建设了许多个项目，这些项目都在填补东山县的历史空白，第一条路是共产党带领全县人民修建的，第一座电厂是共产党修建的，还有第一座水库、盐场、学校、医院、水产加工厂、缝纫厂，现在又是最大的水库。沈玉生说得对，要不了多少日子，这里又将是千军万马的场面。

说完工作，谷文昌把沈玉生拉到一边，关切地问:“你瘦了。”又认真地打量了沈玉生问道：“打算什么时候去厦门，把病给治好？”

沈玉生的确瘦了，脸色苍白，八年前，面对敌人的那种不屈的眼神消失了，这让谷文昌感到伤痛。当年为了识破敌人的诡计，他勇敢地站在区公所的门前，保卫区公所，还负了伤，今天的他像受伤的鸟，低着头。

“要相信党。”谷文昌想告诉他，有一天，这一切都会明朗的，“你想，铜钵村妇女都能得到理解，何况你这个党的干部，为党做过贡献的人。”

沈玉生什么也没说，用八年前那种勇敢的目光望着谷文昌。

“你要坚定自己的信仰，共产党员不怕受委屈，共产党人的目标就是为了老百姓，为了我们的人民。只要你还在行动上坚持这一点，我想会有这一天的。”

此时已经是初冬，海风逼着人躲到破烂的茅屋里。

这是工地临时搭盖的工棚。墙上还写着大幅的标语：坚持走社会主义道路。工棚里一切都显得简陋，一排干草铺成的地铺，对应着的是土砖排列成的架子，用于民工们摆放生活用品，在架子的另一面是两张木桌，这是工程指挥人员使用的。竹篾编成的墙上挂着几盏油灯，灯下靠放着测量用的竹竿和仪器。在另一面的墙上挂着毛泽东的画像，像的两旁挂着党旗和国旗。

“我们没准备你来。”沈玉生看着稻草铺成的地铺对谷文昌解释，“要知道你来，我们也准备一床被子。”

“你想赶我走。”谷文昌跟沈玉生开了个玩笑，“我们什么地方没睡过？那年在霞美区公所时，大家不都睡在地上嘛！”

“不一样啦……”

“一样的，我们干部的作风应该是不能改变的。我们不能这么快就把革命的传统给忘了，不能把我们的信念和理想给丢了。沈玉生同志，我们不会忘了你的英勇，更不会把你当成我们的敌人，我们相信你，你首先要相信党和人民，还要相信自己。”

“我对党一片忠心，对人民，我可以拿生命向他们保证，只要人民需要我，我沈玉生还会像八年前一样站在敌人的枪口前……”

谷文昌借着油灯的光，看到眼前这位共产党员的内心世界里，写满着伟大的忠诚。一个普普通通的共产党员把自己的政治生命交付给自己的信仰，交付给人民。

沈玉生在红旗水库的建设中，职务由开工前的临时副指挥到后来的炊事员、记工员。但他没有因为自己头顶上的这一顶政治“帽子”而忘了自己的信仰，他在后来的人生道路上依然坚守着信念的阵地，直到 20 年后得到昭雪。

在采访谷文昌的过程中，我接触了不少当年被错划为右派的人物，我提出的问题是：你们被错定为右派后，对党是否怀有敌视的心理？你们是否觉得自己应该改变对党的看法，改变自己当初的信仰？是否觉得自己很不幸，觉得自己冤屈，但又显得无奈？

“没有，我依然觉得党是我最亲的党，至今我还是相信我们这个党是伟大的，充满着生机的，原因很简单，这个党最终的目标是为人民服务。你们不理解，没有信仰的时代，没有信仰的人生是一种什么样的人生……”

“信仰，信仰哪有那么容易改变的，容易改变那就不叫作信仰，你们很难理解，我们的信仰是我们从中国历史发展中看到的，是在黑暗中看到光明的那种感觉，是从我们民族在苦难中探索出来的真理。要说委屈是有的，冤屈也是有的，但这些改变不了我们的信仰。”

“我们是和别人不一样。被宣布开除党籍的那一天，我在对自己说，我依然是一名中国共产党员，依然要朝着党的目标前进。”

“一个时代不能没有主流思想、主流信仰，如果仅仅是因为个人的委屈就忘掉自己的信仰，那这样的信仰就不属于我们共产党人，就不是我们这一代共产党人的性格。哪个人不犯错误，哪个政党没有失误？”

一个政党是信仰的旗帜，每一个同样信仰的人在这面旗帜下，向一个目标前进。前进的道路不会平坦，会遇到挫折，会遇到风暴，甚至会伤害自己的同伴。

中国共产党完成了自我认识的过程，完成了在领导国家和发展国家经济中敢于承认和纠正错误的自我完善的过程。

“我们党真的是个伟大的党，因为我们的党敢于承认自己的错误，敢于改正自己的错误，我有幸看到我们党的成熟，看到我们党在发展国家中所产生的力量。”

谷文昌 1980 年在病中吐露了一个老党员的肺腑之言。

➔ 向理想宣誓

东山县的发展目标不只是电厂、加工厂、学校、水库，还有那个被谷文昌激发起来的理想，绿化家园成为全县人民的最大理想。

9月，县委人事科接到通知，地委行署给东山县派来了四个大学生，他们要来参加东山县的社会主义建设，通知是用手摇的电话挂来的。

林嫩惠第一次出远门，这一出门就把自己的一生交给了东山县。

离开学校前几个月，林嫩惠还在学校的墙报上贴着标语，还在共青团的全校大会上慷慨激昂地宣誓："我们新中国的一代青年，要响应祖国的号召，到祖国边疆去，到祖国的海岛去，到祖国最需要的地方去，让我们的青春在那里发光。"他不知道，为了他们的到来，东山县的书记谷文昌和县长樊生林在地区行署人事部门争取了无数次，他也不知道自己的理想与县委书记和县长的理想竟然是如此相近。他想过，要把自己学到的知识实践于祖国的建设，他怀着革命者的那番热情，渡过八尺门的波涛踏上东山岛，第一个感受是狂风把他的两眼吹得发红吹得发痛，第一个映入眼帘的是一片荒沙，看不到一丝的绿色。他没想到，自己啃完的甘蔗渣刚刚落地，就有几个孩子抢着捡走，放进身上背着的竹篓子里，他更没想到，他睡的那张床连个床板都没有。其中有个同伴，两眼直愣愣地看了许久呜呜呜地哭出声来，第二天，天色未亮，这位同伴就悄然离开东山岛，从此再也没有看到他的身影。

林嫩惠开始犹豫了，他面临着考验。报到后，吴志成来领他到工作的岗位，他提着行李离开暂时住的那个没有床板的小屋子，一路走一路听着吴志成的介绍："我们的林业站以前是苗圃，现在谷书记要把全县的荒沙地种上树，就把苗圃改成林业站，你来得正是时候，我们准备要做几个试验，试种一些适合干旱地区的品种。"

一个说着，说着工作，一个在听着，听出了激情。林嫩惠看出走在自己身边的这个林业站的领导正直、真诚。他一直为林嫩惠提着沉重的行李，一直问林嫩惠的家庭情况："你来这儿，家里的人同意吗？母亲年纪多大啦？身体好吗？你来这儿，她是谁在照顾啊？以后有什么困难就和我说，我能帮你时，我就会帮你。帮不上的，你就别怪我，我是个土人。"

从西埔到山口的林业站有很长的路，这一路都在沙尘中走过，两个人常常是背对着风沙走，有时还做出奇怪的匍匐状，因为风沙太大，卷得漫天沙尘，风夹着沙从他们的衣领子里钻入，粘在发汗的身上，林嫩惠不得不学着吴志成的办法，把外衣脱了，再用脱下的衣服擦去粘在身上的沙子。两人边走边擦。林嫩惠一路上看到的都是两个字：凄凉。

"这里的老百姓靠什么生活？"林嫩惠不得不问这个问题，走了大半天还没有看到一块可以种的地。

"靠国家发救济粮。"

"救济粮够吗？"

"不够。"吴志成回答时，声音几乎听不到。他的心情显得沉重。

林嫩惠仿佛感觉到吴志成的心情，他没有再提到此类的话题。两人沉默到达山口村的林业站。谁也不想说话，因为风大得没法让人开口，一旦开口沙就呼呼地进入咽喉。

林嫩惠住下了，住在临时的工棚里，他决定不做逃兵，做个勇敢的东山人。林嫩惠在这里吃的第一餐饭是地瓜稀粥,第一次感觉到永远吃不饱。但他看着吴志成和蔡海福两个老同志，放下碗筷就在工棚里开始工作，也不敢提出要求。蔡海福做着手上的活，看到林嫩惠把饭碗放下，立刻起身，接过林嫩惠的碗，走到锅旁把剩下的地瓜稀粥盛到他碗里。林嫩惠心里一热，他明白了，吴志成和蔡海福自己没有吃，把剩下的饭全留给自己。林嫩惠此时下决心和这两个好人、品德高尚的人一道面对这一片荒沙。

第一个工作,非常简单。蔡海福和吴志成做什么,林嫩惠也跟着做什么。一把皮尺、几捆草绳摆在他们三人的跟前，林嫩惠和他们一道按照皮尺上的尺寸，给草绳每隔一米长就打上一个结。从午饭后一直做到天色暗下来，才把那几捆草绳打完结。

第二天，天还未亮，林嫩惠还在睡梦中，一阵急促的脚步声把他惊醒，他披上外衣，推开草屋的门，看到谷文昌和他的通讯员陈掌国正和吴志成、蔡海福说着话。

“那个学校刚刚分配来的林嫩惠来了吧？”谷文昌问。

“来了，昨天到的。”

“好好发挥他的作用，我们难得的一个林业毕业生。”

“现在……”

“出发！”谷文昌已经和吴志成、蔡海福商量好了，今天要全面考察荒沙的情况，按照预先设计的方案，用打了结的草绳到实地去测量。大家什么也没说，离开工棚向风口最大的地方走去。

清晨的风呼啸地阻挡着向前迈进的人，随行的人员中，除了谷文昌带领的人外，还多了山口村的村民，其中也包括那个讥笑过谷文昌的老农。

风越来越大，人们的行进速度越来越慢，一直到一步都迈不动了。林嫩惠的脸被风沙打得发红发疼，他感觉到人与自然之间竟然存在着如此之大的对抗。在他出生的地方是满目青翠，而这里却风沙肆虐。他顶着迎面袭来的沙尘，抬不起脚跟，两脚被沉重的沙堆埋着提不起来。

蔡海福和吴志成见大家都像被钉住一样，没等谷文昌的同意就大声喊道：“回去吧，大家回去吧。”大家都没动，都把目光投向远处的谷文昌。

谷文昌用衣服裹着脸，顶着狂风，整个人爬着向前，他还回过头向身后的人招手示意，让大家跟着向前。

吴志成和蔡海福只好领着大家跟着谷文昌向上爬。

这个沙丘经过测量，高度为15米。这15米让大家爬了整整两个小时。

大家还在沙堆后面爬时，谷文昌已经接近山口，他光着脚，和农民一样。唯独林嫩惠穿着橡胶鞋，到了这时候，林嫩惠觉得这橡胶鞋简直是累赘，他干脆把鞋脱了，挂在腰间，跟着大家爬上风口。

人是站不住了，大家只好蹲着，有的拿竹竿量，有的拿打好结子的绳子量。直到有人说该吃饭了，大家才把带来的干粮拿出来，躲着风，旋转着把馒头吃下，因为风不定向，所以吃饭的人只能根据风的方向来决定位置。到了喝水的时候，大家先要把口腔里的沙粒给漱掉，要不一口水咽下就会把粘在口腔里的沙粒带到肚子里。

谁先吃完饭，谁就会接着把没测量完的地方接下去测量。林嫩惠把测量好的数字一一记在本子里，带回去，晚上借着油灯的光开始计算当天测量出来的风口面积。

谷文昌没有太多的话，他在这一天里，在与狂风搏斗、测量荒沙的大多数时间里保持着沉默，在沉默中行动，他的脚印总是走在所有人的前头。林嫩惠至今还常常将此印象重放在今天东山人的眼前：“谷书记的脚印都被风沙掩埋了，我们的脚印才出现在风沙中。他用自己的行动来告诉我们，没有战胜不了的困难，只有战胜不了的自己，他好像在向风沙宣誓，又好像在向自己宣誓，一定要战胜风沙……”

谷文昌第一次带领这么多的人向风沙进军，第一次用自己的行动开始向风沙宣誓：共产党和他的人民是坚强的，是有智慧的，任何困难也阻挡不了我们前进。

在如此巨大的风沙面前，谷文昌和吴志成、蔡海福、林嫩惠，还有那些遭受灾难之苦的老百姓仅凭借着几十根竹竿、几捆草绳和一把皮尺，就敢向肆虐上百年的风沙挑战。这在人类史上应该是奇迹，是前所未有的。

我写到这儿，便想起人类发展史上值得我们今天的人去探索的东西很多，探索他们改造自然过程中出现的奇迹，探索他们改造自然中的人文精神。在中国文明史上，如李冰治水，留给今天的都江堰；如张衡发明地动仪，为后来的大自然研究提供了科学的资料。

谷文昌种树和谷文昌种树之精神，是中国共产党治国以来，值得我们研究的，值得后人考证的文化遗产之一。

梦断在风中

9月的夜晚，谷文昌坐在办公室里时已经是10点多钟，吴志成和蔡海福与他面对面地坐着，看着他一根烟接着一根烟抽着。

吴志成和蔡海福今晚带来了林嫩惠的计算表，他们要让谷文昌看看详细的情况。

樊生林也在自己的办公室里，他正在审定八尺门项目的可行性报告。他已经接受了一次政治考验。有人批评他的政治立场，因为他敢于批评，敢于将自己的看法和想法公布于众，在大鸣大放的过程中，他依然不改自己的正直，发表了被人们认为激进的演说，难免有些观念保守的人看不惯他的直言性格而指责他，甚至有人将他的讲话写成书面材料上交给上级领导。自然，上级领导对他进行了一番批评。有幸的是，还没有将他划成右派分子。他自己因为心胸坦荡，也不将此事放在心上，仍然做他的县长，仍然按照他和谷文昌商量好的认真去工作。但他并没有预计到，反右斗争到了第二年，有人将他的“老账”翻开，将他定为东山县最大的右派分子。这是后话。此时他看完报告，又将谷文昌签发的内容认真地看了一遍，拿着报告到谷文昌的办公室。大家兴致很高，两个议题交织在一起，的确是令人振奋的事。

风像鼓槌把窗子敲得咚咚咚响。谷文昌突然问吴志成和蔡海福：“这风有点不对劲啊。”

“是啊，我也有感觉……”

“今天是……”吴志成问。

“新历9月13日，农历的八月十四，大潮……”

“台风！”

谷文昌立刻拿起电话，摇了半天才把气象台接通：“我，谷文昌。你们接到台风预告了吗？”

“还没有，但从现在看可能是台风。”对方回答。

“我们立刻分头下去，通知各区、社做好抗台风的准备。”谷文昌和樊生林放下手里的工作，把陈掌国和通讯班的人全部叫来，并通知所有的干部立刻到达各自挂点的区社村。同时，他让县广播站向全县人民发出紧急通知，做好抗击台风的工作。

台风的消息很快就传到各区社队和村庄。谷文昌和樊生林、陈维仪等县领导各带着干部队伍奔赴基层。

队伍出了县委的大门就被迎面袭来的台风挡住。谷文昌披着雨衣，第一个迎着风走出大门。原本可以坐在办公室里和吴志成、蔡海福一道商谈绿色环境的大事，但现在更大的、更急的事使他们不得不立即投入抗击台风的战斗。群众的生命正受到威胁，国家的财产正受到侵害。樊生林紧跟着谷文昌，带着一班子人离开县委大门。

县委和县政府的干部队伍被猛烈的台风吹得凌乱不堪，大家走着走着，越走越乱，越走队伍拉得越长。这尤其危险，一不小心，一阵强风过来，就有可能发生事故，造成伤亡。有人提议返回县委，以免发生不该发生的事件。

“你们怎么不想想，那些群众住在那么差的房子里，家里没有广播的，没有听到警报的老百姓怎么办？”谷文昌对着黑暗中的人大声地批评。

在白埕，在山口，在赤山，在赤石……老百姓已经望着漆黑的夜空，任凭着风把屋顶带走，任凭着风把门掀开，任凭着风来去自如地在他们矮小的屋子里翻箱倒柜，甚至连一个碗一双筷子也不放过。当谷文昌和干部出现在他们眼前时，他们只有一件破衣包裹着一家老小，还有一张破得可以看到黑夜的毛毡撑在一家人的头顶上。

风，太张狂了，压根没有把人放在眼里。

谷文昌把自己身上的雨衣脱下，盖在他们的身上，大家都把自己遮雨的工具留下后跟着谷文昌走进第二户人家。

进到第二户人家中，谷文昌连站着的勇气险些都没了，他用手电筒四处寻找这家人，当他手里的那柱光落在一团人中时，心都要奔出胸口。一个年约60多岁的老太太匍匐在两个孩子的身上。他用颤抖的手扶起老太太，脱下自己的衣服盖在孩子的身上。

到了第三户人的家中，谷文昌先听到牛的哞叫声，而后才从牛的肚子下找到主人，他抬头看着屋顶，屋顶已经开始透光。他看看低矮的墙，墙体开始脱落，一块块泥巴往下掉，这是危险的信号，谷文昌让大家把这家人即刻转移到安全的地方。

樊生林在八尺门附近的村庄里，带着一部分房屋倒塌的群众向村里的宗祠转移。风带着孩子的哭声传到遥远的地方,渐渐地消失在这黑色的夜空。

陈维仪正在盐场和工人们把晒干的盐运送到仓库。保护国家的财产，保护群众的生命，不惜一切代价，哪怕是共产党员自己的生命。

为了人民的利益不惜牺牲自己——整个中国都充满着这样的信念，都在履行着这样的职责，只要是共产党员，只要是共青团员，只要是想着国家利益高于一切，人民利益至高无上的人，大都坚持着这样的追求，因为这个时代号称是英雄辈出的时代。

那时，所有的困难和危险，一旦出现，就会有人大声地喊道："是共产党员的上，是共青团员和想进步的上！"这声音一直伴随着时间向前……

当狂风把黎明带到东山岛时，谷文昌用猩红的两眼望着一片废墟般的县城，他看了身边的林周发，心疼地说："我们要赶快统计一下灾情，上报给地委行署，尽快得到上级的帮助，让老百姓尽快地恢复生活和生产。你看……"他指着眼前的稻田，"今年收成就没了，农民的生活刚有些好转现在又苦了。"

林周发眼里淌着泪，他在东山县工作了这么多年，东山县的变化也浸透了他的心血，可这一场台风把全县人民几年的奋斗成果给摧毁了。

"我们到电厂去看看。"谷文昌说着就要走，大家都劝他休息，等台风离开后再出门。谷文昌就是谷文昌，抬脚就走。

天亮了，风却没有停下，依然无视人们的无辜、无助，任意地穿梭在海岛上。人们都在惊慌和畏惧中等待着台风放慢它的脚步，但台风没有减慢速度，也没有离开东山岛，依然掀起漫天的沙尘，尘埃在风中卷了一夜。

怎么走到电厂，这么长的路？

"我们手拉手走……"这是林周发的主意。没等大家多想谷文昌就拉着大家的手顶着狂风和暴雨进发。

这一路算是庆幸，台风渐渐地减弱，没有人受伤，只有一身的雨水和泥巴。来到了电厂，谷文昌看到让他放心的事，电厂的工人们已经在修复被台风损坏的电线和电杆。大家都在抓紧时间，尽快地恢复生产。

谷文昌看完后，没有停留，即刻赶回西埔的县委大院，通知各区社队的领导把台风造成的损失情况全面地了解统计，准备明天汇报。

林嫩惠跟着吴志成和蔡海福回到自己的林业站，回到苗圃。蔡海福望着40多亩的苗圃全部被沙尘掩埋而哭出声来。艰苦努力了这么长的时间，瞬间被毁坏了，他心疼啊！他站在树苗前，用脚跺着地，嘴里边哭边骂："这老天爷真没长眼……"

吴志成没哭，他连饭都没吃，拿起锄头就朝苗圃走去。他看上去非常平静，可内心也一样痛苦，他是种树梦想者之一，对自生林又带着抗灾后的疲惫身躯，到下湖村去祝贺去年动工的榨油厂落成投产。

这年的冬天，全国都进入一个新的阶段，也就是人民公社的阶段，说明了中国农村走到了快速发展的阶段，但这并不是一件令人兴奋的事，尤其是农民，他们开始进入一个发展的误区。

谷文昌和樊生林根据当时情况，对东山县的行政区域进行了撤区并乡，全县由原来的一镇二区二十五个乡，改为一镇九大乡。

后 记

永不低头

1958年春节前夕，谷文昌和樊生林、陈维仪、王治国等县委领导纷纷下乡，他们到各乡镇和村去发动群众。于是整个东山县的老百姓都记住了这个响亮的口号："上战秃头山，下战飞沙滩，绿化全海岛，建设新东山。"

在中国河南省的另一个县，有个名叫焦裕禄的县委书记也在考虑和谷文昌一样的问题。有趣的是，恰恰在这一年里，不知全国有多少个县正忙着砍树，仿佛中国在1958年，懂得改造环境，懂得绿化环境的人只有谷文昌和焦裕禄。

不论是谷文昌还是焦裕禄，他们对环境的重视都因为他们目睹老百姓身受恶劣环境的危害而明白一个道理：不改变恶劣的环境，人们就无法生存，无法劳动，人们就无法延续他们的生命。

正月初三，谷文昌带着陈掌国来到林业站。他像一个决战前的将军做着最后的检查部署。林业站的几个人，吴志成、蔡海福、林嫩惠等，这个春节都住在站里，一切准备就绪。

正月初四，谷文昌来到山口村。

正月初五，谷文昌再次踏上茫茫无际的荒沙滩。跟随他来的人，从原来的几个人增加到几十个人，大家开始实施先堵沙后种树的计划。

谷文昌带头，在离村庄300多米的地方筑起沙墙，用沙堵沙。显然这个办法并不起作用，一阵强大的风把人都埋进沙中，其中也包括对治沙充满理想的谷文昌。

第二个计划，在起伏连绵的沙丘上种植草皮。谷文昌带着人，根据蔡海福和林嫩惠实验的经验进行小规模的种植。第三天，谷文昌就接到电话，说草皮全部枯死。

但这并没有阻挡种树的计划。谷文昌下令，直接将广东引进的木麻黄种入沙地。

公元 1958 年 3 月 12 日，历史永远记住这一天。东山县全民植树造林的总攻打响了。

东山县第一次发动了成千上万个劳动力。全县人民除了农田的活外，全部的主要劳动力都被派往两个地方，一是到海滩运输淤泥，二是到山口村、湖坛村和白埕村挖坑倒泥和植树。

人们在这两个庞大的队伍中可以看到白发苍苍的老人，可以看到系着红领巾的少先队员，可以看到裹着小脚的妇女，也可以看到怀抱婴儿的母亲。这些母亲，她们边植树边给孩子喂奶，心中渴盼自己的孩子长大后不受风沙的侵扰。还有那些曾经嘲笑过谷文昌的老农民，今天成了表现最积极的种树人，仿佛要向自己的过去表示歉意。

在红领巾的队伍中，我们可以看到谷文昌的孩子，从大女儿谷哲慧，儿子谷豫闽，到小女儿谷哲芬。

谷文昌和樊生林带着全县的干部组成植树队伍。赵林春、吴志成、蔡海福和林嫩惠，还有林龙光，都是现场的技术指导。大家按照他们的要求，用泥浆先把树的根部包好，然后将树放入挖好的坑内，再把泥浆填满，用脚踩实，浇上水。人们很难想象，山口村、湖坛村、白埕村这些地方，过去是很少有人把脚印留在这里的沙滩上，而今竟然有成千上万的人在这荒沙滩上种下生命的理想之树。不少人，就在这一天看到自己的县委书记谷文昌种树的身影。过去的日子里，人们常听说谷文昌要种树，而且非种不可，今天人们终于看到谷文昌真的把树种起来了。大家同时看到谷文昌和他们一样吃的是风沙夹着干粮，喝的是一样的苦涩水。谷文昌在现场除了自己种树，还指导别人种树，他对种树的要求非常之严格，他要求每棵树坑的深度必须是 1.5 米，宽度必须是 1.5 米，并要求多浇水，他说这里是沙地，水要多，要把根踩实，这样才经得起风沙……

在这个宏大的场面中，人们看到的是一个个衣服上打着补丁的人，一个个脚上没有穿鞋子的人。但一个个都在挥汗如雨。他们找到了希望，他们愿意为此付出一切。

这不仅是东山人的写照，而且是那个时代的真实写照。

这一天共种植木麻黄40万株。

谷文昌回到县城，他还有很多事，春耕的事。农民要播种，没有播种，东山县的农民这一年将是难以想象。此外还有水利工程，还有灌溉工程，还有教育等等与群众有关的事。凡是一有空闲时间，谷文昌就要关心种下的树："你今天去了吗？""你看到我们种的树长得怎样？"

这一天夜晚，赵林春、吴志成和蔡海福来了。谷文昌放下碗筷，立刻来到自己的办公室。谷文昌连问都没问，他看到吴志成和蔡海福脸上的表情便知道树出了问题，一定是大问题。他朝赵林春、吴志成和蔡海福挥挥手："别说了，就谈原因，看看怎么解决，找出问题在哪里……"

"全部枯死了，原因大概是缺水……"

"或者是时间太早吧。"

"有活的吗？"

"有，有9棵……"

40万棵树苗，只剩下9棵活的。

……

谷文昌天还没亮就和陈掌国一起出发，赶到种树的现场。

黎明的晖光把成片成片枯死的木麻黄映得惨红惨红的，像火一般连着天边，这"火"在疯狂的风沙中摇曳着，渐渐地熄灭。出现在人们面前的是一片壮烈的场面。

谷文昌蹲在树下，用手扒开泥沙，捧在手里，轻轻地揉着，让泥沙在风中飞散，散落在沙丘地上，他的目光落在枯死的树根上，他想把脸贴近这块荒沙地，他似乎在询问着土地，为什么如此这般地对待热心的东山人。

谷文昌哭了，无声地流出男人的眼泪。

沉默。吴志成哭了，他转过身，怕谷文昌看到自己伤心的眼泪。

沉默。蔡海福哭了，他对着天空长叹，仿佛在询问苍天，为何如此亏待东山人，亏待这些立志于改变世界的人。

林嫩惠坐在地上，他感到自己有责任，没有把学到的东西应用在工作的实践中，为东山县群众解决这当务之急的问题，辜负了老百姓的期望……

唯独那9棵活着的树，它们是留给谷文昌和在场的人一丝丝的绿色希望。谷文昌在这9棵活着的木麻黄前来回地走着，走着……

星星之火，可以燎原。9棵树，仿佛9颗革命的火种。这9棵顽强地显示出生命迹象的树，似乎也体现出了共产党人不屈不挠、坚忍不拔的性格。

"这就是希望。"他对大家说，"有9棵就会有90，有90就会有900，有900就有9000、90000……"

这一夜，谷文昌还是住在林业站这所简陋的房子里，他和吴志成、蔡海福还有林嫩惠一道研究下一步的工作。他们时而在房子里谈论，时而到房子外的沙丘上演示，一直到深夜。第二天他还要参加一个重要的会议。临走前，谷文昌交代赵林春和吴志成，要他们安排好站里的工作，立刻派人再去广东，尽快回来，传授经验。

"你们一定要细心地学，要多问，多请教，也把我们这里的情况和他们讲清楚，希望他们能来指导……不要难过，不要灰心，功夫不负有心人，哪有一次就成功的好事。"

清明，传统的中国人，重孝的东山人都纷纷上坟，向自己的先人表示祭奠。这一年，东山县的老百姓除了敬奉自己的祖先外，他们把整个东山县的山头围满，有很多很多的人，同时在东山县的沙地上也出现了很多很多的人，他们在一个共产党员的带动下，把自己家乡的这些秃头山，这些荒沙地，种上绿色的树苗。他们真的希望祖先的意愿、自己的意愿像大海的波涛一样翻腾而起，将风沙消灭，将绿洲建起。

他们从未有过如此巨大的力量，从未如此团结，从未如此壮丽，他们面对着扑面而来的狂风，奏起勇敢者的进行曲。

把刚刚喂完奶的孩子背起，拿起锄头，踏上沙丘地；把敬孝先人的香火点燃后，扛起铲子向荒沙进发；他们从学校走向山头，从海边来到沙滩，歌声响彻风沙漫卷的天空，口号声把潮声淹没；他们要把整个的天给扛在自己的肩上，他们还要把这风沙密布的天翻过去。

他们在写着一段历史，一段崭新而壮丽的历史。

谷文昌说，没有种好树，他绝不离开东山县……

谷文昌说，不除掉风沙这个灾害，穷日子改变不了，他就对不起东山人……

谷文昌说，不制伏风沙，就让风沙把他埋掉……

那么，就有人，有许多人是这样回答谷文昌的：

"谷文昌要种树，是为了我们老百姓……"

"我们跟定这个谷文昌……"

"谷文昌种树不要命，我们就拿出命来陪谷文昌把树种好！"

"有谷文昌，我们还怕什么？天大的困难也不怕！"

于是，有人在自己的祖坟前这样祈祷着："今天我和孩子们就拿这些东西孝敬您，等到我们和那个谷文昌把树种活了，给您留个遮阴的地方，再给您好吃的。我们都相信，有了树生活就好了，我们过好日子，您也一样有好日子……"

"我们是来告诉您，我们家乡来了个好人，他要带我们种树，有树就有水，田就多，日子就好，今天您就先委屈吧……"

一个"壮丁"的妻子，面对大海，向遥远的丈夫祈祷时也没有忘了谷文昌这个名字："我们生活得很好，要比解放前好多了，共产党派了个谷文昌来，这个谷文昌人很好，很关心我们这些人，他还种树，要把东山岛种满树，等你回来时，你一定找不到我们的家了……"

谷文昌的名字就是这样地被老百姓念叨着，他的名字已经在老百姓的心目中发出巨大的回响。

谷文昌已经不是一个人的名字，他代表着一个政党，他是一个时代的符号，他在人民心目中有强烈的震撼力量，他像东山县的树一样屹立在老百姓的心中。

一棵，两棵，三棵；一万棵，两万棵，三万棵；一片，两片，三片，组成一个绿洲，一个生命的绿洲，组成人类改造环境的故事。

又是一次全县军民总动员。10万种树大军。一次造林面积48600亩。这是个伟大的数字，这个数字证明了谷文昌和这个政党的伟大力量。没有这种强大的凝聚力就没有这么宏大的历史场面。

时间在慢慢地向前，谷文昌等待着，在繁忙中等待着。他像一个慈祥的父亲，关注着树苗的成长，他常常走在东山县老百姓和自己亲手种下的木麻黄树前，静静地看着，用嘴吹去压在枝条上的沙粒，用那把特制的锄头松松土……

人们看着树苗成长，也看着谷文昌憔悴。

多少人感动，多少人效仿着这个爱树人的举动，连山口村、白埕村和湖坛村的孩子们也模仿谷文昌，轻轻地抖去枝丫上的沙粒，给饥渴的树苗浇水。

一个月过去了，两个月过去了，木麻黄长大了。它慢慢地放下支撑杆，它挺直了腰杆，它不再畏惧那风沙的暴虐，不再会枯萎和倒下。它高昂着绿枝萌发的头，在空中随风骄傲地摇动着。它在向世人宣告一个奇迹，一个伟大的奇迹，一个代表着先进的政党及这个党领导下的人民所创造的伟大奇迹。

哇！谷文昌笑了，笑出了泪，泪花从布满皱纹的眼角中夺眶而出。他把双手叉在腰间，敞开打着补丁的衣襟，用破旧的帽子擦去脸上的汗珠，消瘦的脸上绽开粗糙的笑纹，笑绿了荒沙野丘，笑出了东山人的欢乐与幸福。

“快，快去看，听说谷文昌种的树活了……”

“听说谷文昌笑了……”

“谷文昌真的笑了，好多人都笑了……”说的人自己也笑了！

多少年，多少代，多少盼望着的时光，多少生命有了绿色的时空，让生命重新焕发出光芒。

哦！快乐的谷文昌和谷文昌带领的东山人。

树种成功了。风屈服了，沙屈服了。风把消息传遍整个漳州，整个龙溪地区，整个福建省。沙把这消息传给地下的阴魂，让绿洲把飘荡着的亡灵予以归属。

谷文昌看到了建设绿洲的希望，他和樊生林等人研究决定：今后只要天一下雨，全县的干部群众就要做好种树的准备，雨一停，那就是命令，大家就要拿起工具种树。他自己也一样随时服从“命令”。

从 1958 年到 1965 年，东山县人民没有停止过这项人类改天换地的伟大工程。这些岁月中，中国没有间断过政治运动，在东山县，种树的“运动”也没有间断。人们养成了一个习惯，清明必种树，雨后必种树，不要通知，不要指示，不要传达，不要命令，他们在改造自然中达成一种惊人的自觉和默契。

树种植成功，谷文昌立刻把自己心目中的东山县远景规划付诸实施。首先，他要成立国营赤山林场，要把种树的事业像家业一样，一代代传下去，让东山人把种树作为人生的必修课，而且要从孩子们做起……

他要解决烈军属的生活问题和工作问题，要建一些工厂，来发展县级经济。他想，东山县是个海洋县，海洋县不能没有造船业。他想，有海洋，就可以大力发展盐业，他要把盐业做大……

他知道，东山县的自然灾害多，人要科学地掌握自然规律，战胜灾害，要在东赤港建个排涝工程，还有红旗水库的修建，还有城关南门海堤要重新修建，还有八尺门海峡连接工程，还有许许多多的事要做……

在谷文昌领导东山的这些年里，他和同志们按照人民群众的利益制定出目标，把旧的东山岛建设成一个崭新的东山岛。每个目标都在政治的风雨中完成，这每个目标的完成都凝聚着谷文昌和他的同志们的心血，都在人民的心目中树立起一座丰碑。

这一座座丰碑，代表着这个执政党的历史功绩，代表着这个执政党在老百姓心中的历史地位。

人们在传颂着：有一个名叫谷文昌的人和他种的树。

给人以理想，启人以拼搏，于人以真诚，造福于后人的人，受人敬重，刻骨铭心。这应该是一个基本的准则：先为善人后做官。老百姓都把自己交付给这样的人，老百姓把这样的人称为好官。

这个好官不仅仅只做一件好事，他还做了许许多多的好事。老百姓就说他伟大，把他看成了特别的人——神。这就是东山县后来有谷文昌庙的来由。就连一个普通的老百姓，他自己在谷文昌发起的种树运动中，种下了几百上千棵的树，他也会把这归功于谷文昌一个人，因为谷文昌代表着他们的意愿。我们都知道神化的内涵里，具有那个年代人们的集体意识。

当然，我们知道，这个共产党员谷文昌并不信神，他是个唯物论者，他的为人目标和领导者的目标，不过是一句简单的话："不带私心搞革命，一心一意为人民。"但老百姓就凭着他的这句话和他的行动，做出老百姓心中的选择，却不管他愿意与否，他们都把能够改变自然与历史、一心为百姓谋福利的人，看作心目中至高无上的神。

/ 100 位
新中国成立以来感动中国人物 /

丁晓兵　马万水　马永顺　马恒昌　马海德　中国女排五连冠群体

孔祥瑞　孔繁森　文花枝　方永刚　方红霄　毛岸英

王　杰　王　选　王　瑛　王乐义　王有德　王启民

王进喜　王顺友　邓平寿　邓建军　邓稼先　丛　飞

包起帆　史光柱　史来贺　叶　欣　甘远志　申纪兰

白芳礼　任长霞　刘文学　刘英俊　华罗庚　向秀丽

廷·巴特尔　许振超　达吾提·阿西木　邢燕子　吴大观

吴仁宝　吴天祥　吴金印　吴登云　宋鱼水　张　华

张云泉　张秉贵　张海迪　时传祥　李四光　李春燕

李桂林和陆建芬夫妇　李素芝　李梦桃　李登海　杨利伟

杨怀远　杨根思　苏　宁　谷文昌　郤丽华　邱少云

邱光华　邱娥国　陈景润　麦贤得　孟　泰　孟二冬

林　浩　林巧稚　林秀贞　欧阳海　罗映珍　罗健夫

罗盛教　草原英雄小姐妹　赵梦桃　钟南山　唐山十三农民

容国团　徐　虎　秦文贵　袁隆平　钱学森　常香玉

黄继光　彭加木　焦裕禄　蒋筑英　谢延信　韩素云

窦铁成　赖　宁　雷　锋　谭　彦　谭千秋　谭竹青

樊锦诗

图书在版编目（CIP）数据

谷文昌 / 孙永明著. -- 长春 : 吉林文史出版社,
2012.12（2024.5重印）
（100位新中国成立以来感动中国人物）
ISBN 978-7-5472-1393-3

Ⅰ. ①谷… Ⅱ. ①孙… Ⅲ. ①谷文昌－生平事迹－青年读物②谷文昌－生平事迹－少年读物 Ⅳ. ①K827=7

中国版本图书馆CIP数据核字(2013)第001749号

谷文昌

GUWENCHANG

著/ 孙永明
选题策划/ 王尔立　责任编辑/ 王尔立 李洁华 任玉茗
装帧设计/ 韩璘
出版发行/ 吉林文史出版社
地址/ 长春市福祉大路5788号　邮编/ 130118
电话/ 0431-81629363　传真/ 0431-86037589
印刷/ 天津海德伟业印务有限公司
版次/ 2012年12月第1版 2024年5月第5次印刷
开本/ 640mm×920mm　1/16
印张/ 9　字数/ 100千
书号/ ISBN 978-7-5472-1393-3
定价/ 29.80元